# Vivre

# ÉLISABETH REVOL

En collaboration avec Éliane Patriarca

## Vivre

RÉCIT

J'AI LU

## *23 mai 2019, 10 h 50*

Everest, sommet ! La vue est exceptionnelle, les émotions qui déferlent en moi aussi. Quelle beauté ! Quel don du ciel d'être ici, tout en haut de la montagne la plus haute de la Terre, parmi ces sentinelles de glaces ! J'ai enfin réalisé mon rêve de gosse, je revis, je renais.

Depuis mon retour du Nanga Parbat, en février 2018, c'est à ce projet que je me suis raccrochée, c'est l'Everest qui m'a « tenue », qui m'a gardée en vie, malgré les gouffres noirs du désespoir dans lesquels j'ai si souvent sombré.

Après deux journées à l'hôpital d'Islamabad, puis l'arrivée en France le 30 janvier 2018, après une semaine exténuante de soins intensifs à l'hôpital de Sallanches pris d'assaut par les médias, après une conférence de presse organisée le 7 février à Chamonix alors que je venais seulement de réaliser, d'admettre plutôt, qu'il n'y avait plus aucun espoir de sauver Tomek[1], mon compagnon de cordée, et durant laquelle, à bout de forces, sous le choc, j'avais tenté de répondre aux questions, j'étais rentrée chez moi, dans la Drôme. Enfin. Les médecins s'étaient donné six semaines pour une nouvelle évaluation de mes gelures.

Durant cette « convalescence », l'un de mes sponsors, le P-DG fondateur de TeamWork Voile et Montagne, Philippe Rey-Gorrez, m'a rendu visite. Il m'a demandé quels projets me tenaient encore à cœur. Gamine, je rêvais chaque soir dans ma chambre face au poster de l'Everest, lui ai-je répondu. C'était mon rêve premier, le fil conducteur de ma passion. En mai 2017, j'avais d'ailleurs vécu deux mois de rêve en Himalaya, vagabondant sur les géants de la planète, visitant le Makalu, gravissant le Lhotse puis affrontant l'Everest, seule, sans oxygène. Mon cœur avait pétillé d'ivresse, de joie, de fouler enfin les flancs de cette montagne ! Mais à 8 400-8 500 mètres environ, le blizzard et le froid intense m'avaient convaincue de renoncer. Y retourner serait

1. Tomasz Mackiewicz

désormais compliqué financièrement, mon rêve resterait inachevé : « Le jour où tu décideras de retourner sur l'Everest, m'a simplement dit Philippe Rey-Gorrez, je serai là pour t'aider. Tu peux explorer cette montagne sans oxygène, mais avec une sécurité : une personne qui te suit avec l'oxygène, si tu as un problème. » Un souffle chaud m'a parcourue, un souffle de vie qui a décrispé mon cœur jusque-là serré comme une pierre. À ces mots, je me suis projetée l'espace d'un instant dans les Ice Fall, j'ai revu mon bivouac du camp 4 sous la lune, pleine, belle, ronde, sous les étoiles scintillantes. Je me suis imaginée dans le ressaut Hillary, essoufflée, avec un pas lent, mais une émotion débordante. Le rendez-vous était incertain, informel, mais ce projet illuminait les profondeurs de mon abîme et, pour la première fois depuis mon retour en France, j'apercevais un brin de lumière.

C'est cette idée qui m'a raccrochée à la vie, j'y ai pensé toute l'année. J'en ai parlé tout de suite à Jean-Christophe, mon mari, à Ludovic Giambiasi, mon meilleur ami, mon « routeur » personnel. Je leur ai dit que le seul et dernier projet qui me tenait à cœur dans ma vie d'himalayiste, c'était l'Everest. J'y ai pensé chaque fois que je chavirais, que je me noyais dans l'enfer de la culpabilité et des souvenirs amers.

Et un an après, en avril 2019, je suis repartie vers les hautes altitudes, vers le pays de l'oxygène rare qui m'aimante depuis que je l'ai découvert en 2008 au Pakistan, sur le glacier du Baltoro. Quand j'ai préparé mon sac, j'étais secouée par des émotions contradictoires : joie, sentiment de liberté, idée de revanche sur l'année précédente, conviction que c'était maintenant ou jamais. Mais aussi beaucoup de trac, de peur, quant à moi, quant à ma capacité à supporter le froid au niveau de mes extrémités fragilisées, à mon aptitude désormais à retourner très haut en montagne, à revenir sur les bivouacs d'altitude, avec les souvenirs des personnes chères qui ont marqué ma vie et sont parties trop tôt.

Je suis *addict* à la montagne. J'en ai pris violemment conscience depuis mon retour du Nanga. Déjà en 2009, à mon retour de l'Annapurna, j'étais passée par une terrible phase de remise en question, de doute. Quand tu prends un carton, tu t'interroges sur cette attraction irrésistible qui te ramène sans cesse là-haut, tu comprends aussi ton enfermement.

J'avais 20 ans quand le virus de la grimpe m'a saisie. J'étais boulimique de sommets. Dans les Alpes, en dix ans, j'avais parcouru beaucoup d'itinéraires et de faces, je recherchais la difficulté et la performance. Effort, élévation, excitation, stress, questions, puis plénitude, le cocktail me comblait chaque fois un peu plus. Alors quand j'ai découvert l'Himalaya en 2007, c'est un univers infini d'exploration qui s'est offert à moi : la découverte de nouveaux sommets, mais aussi l'expérimentation de mes aptitudes et de mes limites dans la troposphère.

Même si j'ai vécu des choses terriblement dures, insupportables en haute montagne, l'attraction reste toujours plus forte. C'est compliqué à expliquer comme à comprendre. Mais c'est un milieu dont je ne peux me passer ; ou plutôt dont je n'ai pu me passer durant plus d'une décennie.

Aujourd'hui, avec cette expédition à l'Everest, je vais peut-être réussir à clore ce chapitre de ma vie, à boucler cette boucle. À en finir avec cette passion qui m'a fait vivre intensément, mais qui s'avère aussi dévorante, limitante, obsessionnelle, et qui parfois me dépasse.

J'avais d'abord envisagé de retourner dans la vallée du Diamir sur le Nanga Parbat. Pour Tomek, pour parvenir à apaiser mes souvenirs. Mais depuis la disparition en mars dernier de

Daniele Nardi et de Tom Ballard sur les flancs de cette montagne, je sais que je n'y retournerai pas. Ça m'a bouleversée, bloquée. Le Nanga me rattrapait de nouveau. Daniele était un ami très proche et il avait beaucoup contribué aux secours pour Tomek et moi. Un an après, je me suis retrouvée « de l'autre côté », jour et nuit en lien avec les secours au Pakistan que j'essayais d'aider grâce à ma connaissance de la voie dans l'éperon Mummery. J'étais dans l'attente, l'impuissance, à la place même que Daniele avait occupée derrière l'écran et au téléphone, pour me venir en aide en 2018. En vain.

Avec ce drame, j'ai revécu et mieux compris ce qui s'était passé pour Tomek et moi sur le Nanga en 2018, après le sommet : l'intérêt que suscite le drame en montagne, auprès des médias et d'une partie du « public », le « show en direct » offert par les réseaux sociaux. Le décalage aussi entre ce qu'on vit et subit là-haut et les interprétations instantanées, les analystes qui donnent chacun leur version, leur vision, les insultes et diffamations qui galopent sur les réseaux sociaux plongeant la famille dans un double chaos, les rumeurs aussi, qui conditionnent les jugements hâtifs. Mais qui connaît les circonstances exactes ? Qui était sur place ?

Ce nouveau drame n'a pourtant pas éteint mon rêve d'Everest. C'est un projet très éloigné de mes standards de grimpe mais justement, cette année, j'ai mis ceux-ci de côté. J'ai délaissé ma démarche d'himalayiste en partant à la découverte de l'inconnu. J'ai lâché aussi toute idée de performance. Ce que je suis venue chercher cette fois sur l'Everest est très différent, intime, personnel. Une voie normale, ça me va très bien, je n'ai pas envie de prise de risques. Surtout, je ne veux plus imposer cela à Jean-Christophe. Peut-être que j'étais allée trop loin dans l'engagement : l'accident, la disparition de Tomek m'ont durement rappelé la fragilité de la vie.

Je suis partie sereinement pour l'Everest, car ma quête est différente. Il me serait impossible aujourd'hui de repartir en cordée dans une voie exposée, impossible surtout de reprendre la responsabilité de quelqu'un en Himalaya.

Je suis aussi plus légère parce que j'ai enfin écrit *notre* récit du Nanga Parbat, relaté avec mes mots notre parcours, nos convictions, notre combat, mis bout à bout les faits qui ne figurent pas dans les articles de presse et qui sont la réalité de notre ascension. Je le devais à Tomek.

*25 janvier 2018,*
*Nanga Parbat (Pakistan), camp 4*

À l'aurore, le haut de l'arête Mazeno brille déjà sous la lumière rasante du soleil. Une lumière qui monte des abysses. Le paysage s'ouvre, le ciel passe du gris au bleu. La journée s'annonce belle. Enfin ! Trois semaines durant, nous sommes restés bloqués par le mauvais temps à Kutgali, à 3 800 mètres d'altitude. Le jet-stream dominait le Nanga, ne descendant pas sous les 70-80 kilomètres à l'heure à 6 500 mètres. Au-dessus, c'était la tempête avec un vent qui pouvait atteindre 150 kilomètres à l'heure. Aujourd'hui, enfin, nous partons pour le sommet du Nanga Parbat !

Nous avançons, l'un derrière l'autre. Lents, réguliers. J'apprécie cet instant. Je n'ai pas besoin d'être concentrée, je branche mes automatismes, je peux faire le vide dans ma tête.

Cela fait quarante-cinq jours que nous avons atterri à Islamabad, un mois que nous sommes arrivés en Himalaya, au pied du neuvième plus haut sommet du monde avec ses 8 125 mètres. Son nom signifie « montagne nue ». Il est parfois appelé Diamir ou « roi des montagnes » ; ou encore « montagne tueuse », car plus d'une trentaine d'alpinistes sont morts sur ses pentes avant que l'Autrichien Hermann Buhl ne parvienne au sommet en 1953.

C'est la septième fois que Tomek tente l'ascension du Nanga Parbat, la quatrième pour moi, et notre troisième tentative ensemble : l'hiver 2015, nous sommes montés jusqu'à 7 800 mètres, en 2016 à 7 500. Mais le mauvais temps nous a chassés à deux reprises.

Un peu avant 6 heures ce matin, du camp 4, j'ai envoyé un message à mon mari Jean-Christophe. J'ai laissé mon téléphone satellite, le Thuraya, au camp de base, car nous n'avons pas de générateur pour le charger, contrairement à ce qui était convenu avec Ali, notre agent. Alors j'utilise la fonction « message » de l'inReach, mon traceur GPS. Les échanges sont elliptiques : cent soixante caractères maximum, à taper lettre par lettre : « *Oui ca va la form on tente quelque chose today si meteo ok sinon on redescend.* » Nous avons aussi échangé des informations sur la météo avec mon grand ami Ludovic qui, de Gap où il vit, assure le routage de notre expédition, et avec Anna, la femme de Tomek.

Tomek et moi nous sommes mis en route à 7 h 30 seulement. Nous avons un peu traîné, car il n'arrivait pas à réchauffer ses pieds. C'était primordial de nous en occuper avant le départ. Nous avons utilisé le réchaud pour dégeler le chausson, la coque intérieure et la chaussure. Pendant qu'il enfilait un pied, je réchauffais l'autre. Long et peu efficace. Entre transpiration et températures excessivement froides, il devient difficile de garder nos chaussures au sec : elles gèlent de l'intérieur et de l'extérieur. Même en marchant, il est impossible de les réchauffer. Tom a payé le prix fort en 2015 au Nanga avec ses gelures aux pieds. Alors notre leitmotiv, cette année, c'est de protéger et d'isoler les chaussures de l'humidité ! Nous gardons nos chaussons intérieurs dans nos duvets afin de les sécher durant la nuit et de les garder à la bonne température. À Islamabad, nous avons aussi envisagé d'envelopper nos pieds d'une feuille d'aluminium pour les isoler dès 5 800 mètres, une méthode que nous testons aujourd'hui. J'ai dérogé à l'une de mes règles : « Ne jamais faire de test le jour du sommet. » Et je m'en mords les doigts dès la sortie de notre crevasse-bivouac ! La feuille d'alu semble me geler les orteils au lieu de les isoler. Tant pis, nous sommes déjà partis, nous continuons. Si j'ai trop froid, je la retirerai plus loin. Tom ne se plaint pas, cela doit fonctionner pour lui.

Nous avons laissé toutes nos affaires au camp 4 – altitude 7 300 mètres – à l'intérieur de la crevasse où nous avons bivouaqué. Nous devons faire l'aller-retour au sommet dans la journée. C'est la phase la plus appréciable de l'ascension : plus de sac à porter, plus de camp à déplacer. Nous n'emportons chacun qu'un litre d'eau, trois barres de céréales, nos masques, nos GoPro et caméras, une pharmacie d'altitude pour deux, mon inReach, une paire de gants et une paire de moufles de secours.

Nous savourons la légèreté de l'air, de notre corps, l'agilité retrouvée de nos mouvements. Avec une impression contradictoire : sans sac nous volons, mais l'altitude nous plombe.

Nous ne parlons pas, chacun économise son souffle. Seuls notre respiration, nos mouvements et un léger vent sifflotant autour des oreilles rompent le silence à travers la capuche en duvet et les nombreuses couches empilées dessous : cagoule, bonnet, capuche polaire, capuche microdoudoune. De temps en temps, un petit mot pour assurer le contact :

« Ça va, Tom ?

— Oui, ça va, Éli.

— OK, parfait ! »

Les longues phrases n'ont plus cours ici. Nous avons tellement discuté avant pour élaborer nos codes de communication et protocoles de sécurité. Nous savons tous deux que nous sommes seuls, sans secours ni recours possible, hormis nous-mêmes. Nous en avons discuté si souvent avec Tom.

Nous enjambons une immense crevasse. Mon métronome interne est déclenché, je prends mon rythme, plus rapide, je file. C'est notre habitude en montagne. Tom est un tracteur, un diesel, moi plutôt un moteur à essence nerveux, rapide. Je peux démarrer vite le matin sans m'échauffer ; il aime marcher seul, parler avec Fairy, la divinité du Nanga Parbat, et son rythme d'ascension est lent. J'aime aussi avancer seule, parfois à la lueur de ma frontale ou de la lune, parfois sous le soleil réconfortant du jour, et laisser libre cours aux émotions que je contiens lorsque nous sommes deux. C'est un temps que je m'accorde pour rêver, pour me projeter, m'émerveiller dans ce cirque de glace, dans cette délicieuse fraîcheur des immensités neigeuses.

Tomek et moi sommes fiers d'entreprendre encore cette montagne en style alpin, épuré[1]. Monter et descendre très vite, pour éviter de laisser des plumes dans cet univers où l'oxygène est raréfié et nos capacités sont diminuées. Sans laisser de trace de notre passage, sans aide extérieure ni oxygène, en adéquation avec notre éthique, notre philosophie en montagne. Au fil de nos expéditions ici, nous avons acquis une connaissance très pointue du Nanga et de nos possibilités à ces altitudes. Dans ce type d'ascension, il faut être soudés, complémentaires. Avec Tomek, nous le sommes. Toujours prompts à remotiver l'autre. Nous décidons de tout ensemble ; notre cordée fonctionne simplement, sans fard ni prise de tête. Si l'un de

1. Rarissimes sont les alpinistes qui tentent l'ascension d'un 8 000 mètres, qui plus est en hiver, en style alpin, c'est-à-dire le plus dépouillé qui soit : sans oxygène, sans cordes fixes, sans assistance, sans porteurs. Sans aucun filet.

nous se sent moins bien, nous faisons aussitôt demi-tour sans regret ni culpabilité.

Les conditions météo ici sont rudes, surtout en cet hiver plus glacial que jamais. Nous n'avons pas le droit à l'erreur, nous en sommes conscients. Mais nous nous disons souvent : « Cette journée difficile est toujours plus facile qu'une journée au travail en bas ! » C'est dur, mais nous aimons ça. C'est peut-être dans l'effort, le dépassement de soi que nous trouvons la satisfaction. Gérer le corps, tenter de ne pas écouter les premiers signes de douleur pour avancer, ne pas baisser les bras, ne pas écouter la petite voix intérieure qui parfois demande : « Mais qu'est-ce que tu fous là ? Ça ne sert à rien, arrête ! »

Nous arrivons sous la pyramide sommitale. Immense. Nous traversons encore tout le bas de la face. Le terrain est plus en pente et il y a des ruptures dans le glacier. Nous contournons plusieurs crevasses. De loin, les glaciers paraissent toujours plats et débonnaires. Dedans, c'est souvent un vrai chantier. Heureusement, il n'a pas beaucoup neigé cet hiver et le vent a tout balayé. Les crevasses sont bien ouvertes, visibles.

Une vieille corde fixe pend. Un vestige qui a subi la fonte du glacier ? Depuis hier, la montagne est différente. Jusque-là, nous évoluions dans un terrain vierge. Désormais, elle porte les traces de la multitude des expéditions passées par là depuis tant d'années. Hier, nous avons aperçu une tente au camp 4 de la voie normale, en contrebas de notre propre camp. Aujourd'hui, des cordes fixes puis des restes de tentes. Des traces rassurantes, mais aussi déroutantes.

Quelques pas plus loin, d'autres cordes fixes, beaucoup plus récentes, du type de celles que posent les sherpas d'altitude afin de faciliter et de sécuriser le cheminement de leurs clients, sont posées dans la traversée que nous devons emprunter. « Tu as vu ces cordes fixes, Tom ? Bizarre qu'elles soient encore là après l'automne, non ? » Généralement, en hiver, la neige les recouvre, la glace les piège.

Je suis les cordes puis oblique à droite jusqu'à un îlot rocheux en milieu de pente. Le vide s'ouvre sous mes pieds à mesure que la pente s'incline et se redresse. C'est vaste. Où aller maintenant ? Heureusement, derrière l'îlot, les cordes continuent et m'indiquent la voie. Je ne me sers pas des cordes fixes, je n'ai aucune confiance en elles. Alors, j'ancre mes crampons et mes piolets pour traverser le passage verglacé. La glace est dure. Je dois réancrer mes « pioches » à deux reprises, détachant au passage une ou deux piles d'assiettes givrées. Signe de mauvaise glace. Je reprends pied dans la neige. Je jette un œil vers Tom. Il n'est pas très loin. Je l'attendrai au soleil, il fait trop froid ici ! La traversée est très longue, plusieurs kilomètres en ascendance, les mètres pour le sommet se gagnent difficilement dans cette configuration.

**10 h 45 + 7 500 mètres d'altitude**

Enfin, j'arrive sous le soleil, je peux profiter de sa chaleur providentielle. Je me pose et sacrifie une barre de céréales pour fêter ça. L'endroit est magnifique. Mon visage est couvert de givre. Mes mâchoires sont raidies, cimentées par le froid du matin et la brise glaciale.

Tom arrive. Il va bien, il a bonne mine, avec sa barbe givrée. Nous nous sentons bien. Le ciel se voile légèrement tandis que la température descend encore. Alors, je me remets en marche. Mais au bout de quelques mètres, je comprends que sous ce voile nuageux bien traître, le rayonnement est maximal. J'ouvre mon sac, j'enfile mon masque. Je me retourne :

« Tom, tu mets ton masque ? Fais gaffe au soleil !

— Oui, Éli, t'inquiète ! »

Je continue à mon rythme, Tomek me suit à quelques dizaines de mètres. Nous sommes deux solitudes sur cette immense montagne, mais nous n'en sommes pas effrayés, au contraire. Nous l'aimons, cette liberté sans limites ! Nous sommes venus la chercher.

Je monte en direction d'une arête neigeuse et d'un collet à la verticale droite du sommet. Je veux prendre pied dessus. Tom me crie de partir à gauche, que le sommet est dans l'axe. Je sais, Tom, je souhaite juste voir ce qu'il y a derrière. Un sommet rocheux au loin m'intrigue. Je veux mesurer l'immensité et la grandeur de ce lieu. Au collet, j'avance un peu derrière pour voir. Toujours cette fichue manie depuis toute petite : voir ce qu'il y a au-dessus ou derrière, des fois que la vue serait différente ! J'en prends plein les yeux. Dans la profondeur du ciel, l'arête Mazeno déchire le décor. De petites particules scintillantes tapissent le ciel et esquissent un ballet lumineux. Le vent souffle et balaye des nuages de neige au loin. Je le vois, mais ne l'entends pas, emmitouflée et isolée dans mes bonnets, cagoules et capuches multiples. L'espace d'un instant, je m'immerge dans cette beauté.

Nous avons la chance d'être complètement à l'abri depuis que le soleil a embrassé la face. Je reviens sur mes pas et fais une pause en attendant Tom. Je bois, je mange une barre.

Nous sommes à plus de 7 500 mètres d'altitude. Pour les alpinistes, c'est un seuil symbolique, l'entrée dans ce qu'on appelle « la zone de la mort ». Je n'aime pas trop ce terme ni cette notion, mais j'y prête quand même attention aujourd'hui. Notre acclimatation est loin d'être optimale, car le mauvais temps a bouleversé notre programme. Je suis bien, je sais jusqu'où mon corps peut aller. Mais je reste à l'affût des messages qu'il pourrait m'envoyer. Là, j'ai faim, c'est bon signe !

Le topo, je l'ai en tête, « imprimé » dans ma mémoire de nombreuses fois depuis le camp de base : « Suivre la rampe qui monte en oblique droite jusqu'à un collet, puis obliquer à gauche jusqu'au départ du couloir évasé, puis remonter le couloir droit au-dessus en légère droite, traverser ensuite à droite avant la sortie du couloir, entre sommet principal et sommet nord, et enfin remonter une section mixte en oblique droite jusqu'au sommet. »

Mais au cœur de ce champ de neige et de glace, tout est moins clair. Je dois me concentrer pour discerner, étudier, recouper, décider. Les dimensions changent, les points de repère disparaissent. Il est déjà facile de se perdre dans une voie des Alpes malgré des topos très détaillés et des lignes logiques d'ascension. Ici, c'est le royaume de la démesure, des parois sans fin, des champs de glace aiguisée, limée, polie par des années de travail de la neige et du vent, des vires mixtes et rocheuses…

Au milieu de la pyramide, nous partons directement dans une zone mixte sous l'axe du sommet. Il faut louvoyer entre les rampes neigeuses, chercher la ligne de faiblesse. Chercher, naviguer, monter, descendre, escalader, désescalader, traverser en équilibre sur les pointes avant des crampons. Serrer du bout des doigts des réglettes rocheuses avec les gants. Assurer une prise suffisante pour jouer au funambule en sécurité. L'immensité me déconcerte : j'étais loin de m'imaginer cela. Avec Tom, nous échangeons régulièrement des regards, nous communiquons à distance. J'ai besoin de partager avec lui mes doutes sur l'itinéraire. Il est toujours confiant, d'accord avec moi et me suit.

Ma concentration est telle que je ne fais plus cas du reste. Je limite mon champ de vision à un rayon de cinquante mètres : soit vers le haut de la face, soit derrière moi pour vérifier que Tom me suit toujours. La roche est compacte. Un mélange de granit, gneiss et pegmatite. Mes crampons griffent les réglettes rocheuses, le terrain se fait plus soutenu, les difficultés s'accroissent au fur et à mesure que nous nous élevons. Je nettoie les prises obstruées par la neige. Dieu merci, le vent est toujours endormi. Lorsque je me retourne pour regarder Tom et m'assurer que tout va bien, mon regard s'arrête aussi sur l'arête Mazeno à droite : ça souffle là-bas.

J'aime ces sections où je suis très concentrée, dans un calme parfait. Focalisée sur la précision de mes pas, la saisie de mes mains, je peux me projeter sur les prises suivantes. Le temps s'efface. L'air se fait plus pauvre. Mon cœur tape plus vite, je halète dans les ressauts. Tout ici est d'une ampleur renversante.

Nous fonctionnons sans corde depuis ce matin, elle est restée au camp 4. Avec Tomek, nous avons estimé que nous n'en aurions pas besoin.

Nous parlons peu. « Ça va ? — Oui ? — OK. » Nous avançons tous deux concentrés dans notre bulle. Plus j'avance, plus la distance se creuse entre nous.

Tomek n'aime vraiment pas ce terrain. « Éli ! On réchappe à gauche dans le couloir ? » C'est vrai, il a raison, on n'est pas très rapides et on perd du temps dans ce mixte. « *Let's go !* » J'ai une ligne de faiblesse à mon niveau[1]. J'attends Tomek sur le bord du couloir. Des vagues de neige dure sculptées par les tourbillons de vent strient le couloir. Je n'ai vu cela qu'une seule fois en montagne, sous le sommet est de l'Annapurna en 2009 : des vagues de plus d'un mètre, le long des nombreux kilomètres de l'arête, et des centaines de panaches poudreux qui retombaient en poussière blanche dans la face sud. Le spectacle était saisissant. Tomek me rejoint. Entre-temps, j'ai repéré la suite de l'itinéraire.

L'effort est monotone : planter de piolet, poser de bâton, crampon gauche puis crampon droit. Je ne fais quasiment pas de pause.

---

1. Pour gravir une paroi, on exploite ses « lignes de faiblesse », c'est-à-dire les endroits où la pente est moins forte, où le terrain est moins glissant, qui permettent de contourner la difficulté et de continuer à progresser.

Tom fractionne au contraire. Trente ou quarante pas et il s'accorde une pause pour souffler : trente secondes ou une minute de repos. Puis repart.

Au retour, j'apprendrai qu'à ce moment-là, au camp de base, Altaf, un militaire pakistanais, nous observe. Il nous voit et envoie un message à Ali Saltoro, notre agent. « Ils sont au-dessus de 8 000. Ils montent, ils avancent. » Ali transmet en France à Ludo, en Italie à mon ami l'alpiniste Daniele Nardi. L'information se diffuse rapidement sur Internet. Mais une mer de nuages venant du versant Rupal vient inonder l'arête Mazeno et gagne la vallée du Diamir. Plus aucune visibilité ni pour eux ni pour nous. Nous sommes dès lors isolés dans les hautes sphères.

Le couloir se redresse un peu et les vagues sculptées par le vent dans la glace sont de plus en plus imposantes.

La température est clémente, je me sens bien.

Mon regard erre et se pose à gauche sur deux cairns au niveau de l'arête ; deux monticules de pierres qui aimantent mon regard, me déconcentrent. Je me retourne pour voir où est Tomek.

Le soleil commence à être plus rasant. Le ciel perd son bleu azur, il jaunit. Il doit se faire tard. Le soleil illumine le Nanga, seul sommet à émerger de la mer de nuages. Le vent souffle sur l'arête Mazeno. Les nuages défilent et encerclent la pyramide au-dessus du socle. Le paysage est féerique. Nous ne sommes pas loin du dernier triangle sommital. Mais quelle heure est-il ? J'allume l'inReach pour vérifier altitude et horaire et trouve deux messages, l'un de mon mari, l'autre de Ludo. Mais en taper un est bien trop laborieux à cette altitude. J'ai à peine retiré mes gants pour l'allumer que déjà mes mains me piquent. Je partage juste ma position pour les rassurer : 8 036 mètres, 17 h 15. Pas trop mal pour l'altitude, mais un peu tard sur le timing… Nous avons perdu du temps dans la zone mixte du dessous, louvoyant trop, c'est certain ! Et notre camp 4 était loin du sommet ce matin. Mais nous n'avons pas eu le choix hier : c'était jour blanc et nous baignions dans le grésil, sans aucune visibilité. Impossible alors d'accéder au pied de la pyramide.

Nous sommes à quatre-vingt-dix mètres du sommet après dix heures de marche. J'éteins l'inReach, le replace dans ma doudoune afin de sauvegarder la batterie. Quitte à se peler les doigts, autant vite immortaliser cette ambiance inouïe ! Je sors la GroPro et, tout en filmant, je réfléchis à la direction pour la suite. Je me confie à ma caméra. Au fil des expés, elle est devenue une confidente qui m'aide à briser la solitude. Je vois Tomek avancer à son rythme, il est bien. Je suis contente qu'il soit en jambes aujourd'hui. Depuis la mi-janvier, il a souffert de problèmes digestifs. L'hygiène au camp de base laissait à désirer pour nos estomacs « aseptisés » : la cuisine se faisait à même le sol de terre battue, notre cuisinier, Sharkan, avait les mains plutôt noires pour pétrir la pâte et confectionner les *chapatis*, découper la viande et allumer le feu. L'eau était parfois à peine bouillie. Tomek, d'un naturel pourtant ultrarésistant, était pour la première fois affecté par ce manque d'hygiène, mal en point et obnubilé au fil des jours par ce problème : il était curieusement persuadé que l'origine de ses troubles digestifs résidait dans le pain cuit par Sharkan, et que celui-ci était « missionné » pour faire échouer sa tentative de sommet ! Jamais auparavant je n'avais vu Tomek dans cet état d'esprit : amer, aigri depuis que Simone Moro lui a ravi *sa* montagne, en réalisant en février 2016 la première hivernale du Nanga Parbat. Aigri jusqu'à en devenir paranoïaque. Je trouve qu'il a beaucoup changé, il me paraît dépressif aussi. Au camp de base, j'ai souffert de cette atmosphère pesante, désespérant de ramener Tomek à la raison, à la réalité.

Heureusement, depuis notre arrivée au camp 2, à 6 600 mètres, et la journée de repos du 22 janvier, il semble avoir récupéré, mange mieux, sourit, chante de nouveau.

J'entends le crissement de ses crampons. Je l'interpelle.

« Tom, comment tu te sens ?

— Bien, ça va. Et toi ?

— Nickel. Tom, qu'est-ce qu'on fait ? Il est 17 h 15, on est à 8 036 mètres. Les nuages arrivent sur l'arête Mazeno. On ne verra rien. Tu veux faire quoi ? On continue ou on descend ? Ça va piquer, et on va arriver de nuit si on continue.

— On continue. On n'est pas très loin. Il ne fait pas trop froid. »

Si l'un de nous deux avait montré un peu d'hésitation ou avancé un argument défavorable à la poursuite, nous serions aussitôt redescendus. Mais nous restons tous deux dans la dynamique de la montée, sans trop approfondir notre décision. Tomek est motivé ; je le suis aussi. J'ai une appréhension par rapport à l'horaire tardif, à la nuit qui vient, lui aussi certainement, mais l'envie, l'émotion l'emportent. J'ai en moi l'expérience de ma descente de nuit après le sommet du Lhotse (8 516 mètres), ce haut voisin de l'Everest, en mai dernier, associée dans mon souvenir à une immense joie et à des températures plus chaudes en soirée qu'au début du jour. Je me dis que le froid est supportable, gérable. Les nuages nous boucheront la vue, bien sûr, mais nous pouvons continuer. Nous sommes là pour tenter et donner le meilleur de nous-mêmes.

Je me suis beaucoup interrogée sur les décisions que nous avons prises durant cette journée. En montagne, je décide sans cesse, analysant et tranchant rapidement. Mais là, à quatre-vingt-dix mètres du sommet du Nanga Parbat, un autre paramètre a joué : l'émotion attendue du sommet, le *feeling*, l'affectivité, le plaisir et la valeur que j'attribue à cette ascension. Je pense que Tom éprouve à ce moment la même émotion et nous décidons rapidement ensemble de continuer.

Nous remontons le couloir dans la même monotonie que précédemment. C'est une longue ascension. La voie continue sans fin, le sommet ne se dévoile pas encore. Intense, magique. Je surveille la brume qui recouvre toute la vallée de peur qu'elle nous enveloppe d'un seul coup et nous isole l'un de l'autre. Mais la menace ouatée semble stabilisée en contrebas.

Les ombres s'étirent et s'allongent. Le soleil ne va pas tarder à se coucher. Dans un instant, le froid sera intense et vif, mais le coucher de soleil est éblouissant. De toute ma vie d'himalayiste, je n'ai jamais vu si beau spectacle. Magique. La mer de nuages cotonneuse enveloppe toutes les montagnes, à l'exception du Nanga, majestueux, qui déchire le ciel pourpre. Voilà, nous sommes passés du rose au bleu vif et froid, d'une ambiance chaleureuse à un froid mordant.

Mes crampons s'ancrent dans la neige dure, soufflée. Quelques mètres au-dessus, la ligne de sortie se présente. Avancer lentement et ne pas penser, en mode quasi automatique.

Le terrain devient plus sec, plus mixte. Nous sommes à gauche du sommet. Nous traversons en ascendance sur la droite. La nuit tombe.

Je sors ma frontale. J'attends Tomek. Les détails du terrain sont gommés par la pénombre. Mon champ visuel est réduit au faisceau de ma lampe focalisé sur les vingt mètres devant moi. Le visage de Tomek est couvert de flocons givrés. Nous parvenons à articuler quelques mots, malgré nos mâchoires raidies :

« Ça va ?

— Oui.

— Tu te sens bien ? Oui ? Pas trop froid ?

— Ça pique, mais c'est supportable !

— On continue ?

— Oui ! »

Chaque mètre parcouru est une petite victoire, chaque pas de plus une avancée. Le souffle court, nous nous élevons ensemble vers le ciel étoilé.

À ce moment-là, je prends conscience que nous irons jusqu'au sommet. Pour moi, c'est l'aboutissement de plus d'une décennie de rêves, de fantasmes et d'interrogations. C'est en août 2008, lors de ma première expérience sur les 8 000 mètres au Baltoro, alors que je rejoignais Islamabad depuis Skardu, que j'ai survolé le Nanga Parbat. Une imposante et parfaite masse de glace, avec des lignes magnifiques, des arêtes déchirées. Mon cœur s'est aussitôt emballé pour cette montagne impressionnante, mon regard était aimanté par cette étendue de neige et de rocher.

Atteindre ce sommet en hiver ? Irréalisable, impossible, me disais-je alors, le monde des 8 000 en hiver me paraissait inaccessible. Mais ce fief de questions et d'inconnu attisait ma curiosité. Cinq ans plus tard, je me suis sentie prête à affronter les difficultés de ce géant himalayen, l'un des hauts sommets les plus esthétiques à mes yeux, et une montagne chargée d'histoire. Avec un objectif excitant et ambitieux : réussir la première ascension hivernale du Nanga Parbat en style alpin.

L'Himalaya en hiver me fascine. C'est pour moi la pointe de ce qu'on peut faire en montagne, l'extrême aventure. Lors d'un de mes retours du Nanga, j'ai écrit : « Sur cette montagne, chaque jour est une récompense, un pas vers l'inconnu, un pas vers la découverte de soi-même et de ses possibilités. Nous avons saisi là-haut ces instants où le cœur se suffit à lui-même, rempli de joie de vivre. » Ces lieux me replongent dans l'émerveillement de l'enfance, comme aux tout premiers jours, quand on découvre le monde.

Alors en janvier 2013, je suis partie au Nanga avec Daniele Nardi. Et un budget ric-rac comme toujours ! Après tant d'années passées à rêver de cette montagne en hiver, c'était magique de fouler son flanc. À chaque pas ou presque, j'étais transportée par ce que je voyais et ressentais. En style alpin, nous avons tenté, à deux reprises à quelques jours d'intervalle, l'ascension par l'éperon Mummery. Une voie qui n'avait jamais été parcourue en été, alors en hiver ! Une météo changeante, un vent tempétueux et la neige ont eu raison de nous. Mais j'avais découvert la solitude himalayenne hivernale, l'immense froidure immaculée où le rythme de la vie ralentit et s'écoule silencieusement. Un univers pétrifié de froid, balayé par des vents violents. J'étais rentrée enchantée, fascinée par l'Himalaya en hiver, et définitivement éblouie, subjuguée par cette perle de montagne !

En 2015, j'y suis retournée avec Tomek. Nous avons grimpé en style alpin jusqu'à 7 800 mètres en empruntant la voie Messner 2000, sans cordes fixes ni sherpas ni oxygène. Seuls au monde au-dessus de 6 000 mètres pendant quatre à cinq jours, dans une ambiance de froidure exceptionnelle, nous nous sommes battus contre les éléments jusqu'à nos limites. Mais la météo changeante nous a contraints au demi-tour à 7 800 mètres. L'année suivante, nous étions de retour. Mais cette fois, au camp de base, se croisaient beaucoup d'expéditions, toutes attirées par l'envie de réussir la première hivernale. Je n'ai pas aimé cette atmosphère où l'on ne parle pas franchement, où l'on s'observe. Le 23 janvier, avec Tomek, nous avons atteint 7 500 mètres d'altitude, mais le froid extrême (– 50 °C) nous a poussés à faire demi-tour et à ne pas nous engager dans une ascension exposée du fait de l'itinéraire, mais aussi à cause des températures et du jet-stream qui approchait. Continuer aurait peut-être signifié franchir le point de non-retour.

De son côté, Tomek est déjà venu six fois se frotter au Nanga en hiver et approcher la divinité qui le fascine tant : Fairy.

Aujourd'hui enfin, nous allons tous les deux atteindre ce sommet tant désiré ! Mon cœur s'emballe. L'émotion me submerge, immense. Je voudrais crier de joie, mais le froid fige ma voix. Je voudrais pleurer, mais mes larmes gèlent instantanément.

Ce sont les derniers mètres. Je sens que le faisceau de la frontale de Tom derrière moi s'éloigne. La nuit s'épaissit entre nous. Mais je garde en repère sa lumière qui se fait plus petite. J'arrive au collet. Des rafales polaires s'engouffrent dans mon cou, transpercent mes os, cinglent mon visage, arrachent à la neige dure des poignées de grésil et me les jettent en pleine figure. Cette limaille me gifle, me cisaille les yeux plissés. Je n'ai jamais vécu un tel froid. Je trace, je ne peux pas tenir ici. Je réajuste la position de mon menton sous le col de ma combinaison. Je boucle ma capuche. Chaque mètre en avant est une nouvelle victoire sur moi. J'inspire, expire rapidement pour avancer plus vite, mais l'altitude m'asphyxie vite. Mes muscles se contractent instantanément. Je progresse en mode Robocop, je fuis vers le haut.

Il doit être 18 heures. Ou peut-être 18 h 30 ? Ou plus, je ne sais pas. Haletante, je traverse les derniers mètres pour rejoindre un amas de cailloux d'où émerge un pieu enlacé de cordes fixes. Le sommet !

Je tombe à genoux face au pieu, tournant le dos au vent pour me protéger des rafales de vent glaçantes. Je tape mes bras, mes cuisses, mes mollets, je tente de me réchauffer. Je halète. Le vent dessine de scintillantes traînées de neige dans l'air. Je me calme, je respire profondément. Je suis entre deux mondes ; la terre et le ciel. Les genoux bien collés au sol par l'attraction terrestre, mais les mains touchant du doigt les étoiles.

La plénitude du lieu m'enivre. Après cette longue journée à batailler, j'émerge enfin parmi les étoiles.

J'attends Tomek, je regarde la lumière de sa frontale se rapprocher. Il est tout proche. Je grelotte de froid, un froid brutal, extrême. Je suis comme anesthésiée. Anesthésiée par toutes ces années de rêves, par ce froid si vif, j'ai du mal à démêler le rêve de la réalité. Et seule la lutte que je mène pour me réchauffer me confirme que la situation est bien réelle, que tout cela n'est plus un fantasme. Dans le halo de ma frontale, les drapeaux à prières, givrés, momifiés par l'hiver, dansent encore dans le vent.

Je suis au sommet du Nanga en hiver, dix ans après être tombée en admiration pour cette montagne ! Je ne sors ni mon inReach ni ma GoPro, car il me faudrait enlever mes gants et je ne veux pas, je ne peux pas. Je suis frigorifiée, gelée. Je préfère attendre que Tomek soit là pour immortaliser ce moment, mais surtout pour le serrer dans mes bras. Nous avons enfin notre Nanga ! Nous en tremblions d'envie depuis des années, nous avons tant voulu arriver jusqu'ici ! Cette journée était si longue et si difficile !

Comme toujours, lorsque je parviens au sommet, je ne pense plus à rien pendant quelques minutes, je m'imprègne juste de ces lieux si singuliers. Durant l'ascension, je vis d'irrépressibles montées de joies, des avalanches d'émotions, mon cœur tambourine, je crie et pleure de ravissement ; au sommet, au contraire, je ne me laisse jamais submerger par l'émotion. Est-ce une maîtrise pour garder les pieds sur terre, une règle que je m'impose inconsciemment, car je sais que le sommet, tu ne l'as atteint réellement qu'une fois en bas ? La saveur du sommet, tu la savoures de retour au camp de base, le risque écarté et l'adrénaline retombée. C'est toujours ainsi.

Maintenant, je pense à la descente qui sera encore plus engagée. La boucle ne sera achevée qu'avec l'arrivée au camp 4 ce soir, puis au camp de base demain. Et c'est seulement là-bas que nous pourrons parler de sommet, pas avant.

## *25 janvier 2018,*
## *sommet du Nanga Parbat,*
## *8 125 mètres d'altitude*

J'attends que Tomek arrive pour immortaliser ce moment et, surtout, le serrer dans mes bras. Nous avons réalisé notre rêve, après tant d'années passées à bâtir ensemble cette ascension. C'est la plus belle chose qu'il nous soit donné de vivre. Son pas est lent mais régulier, son visage masqué par la lumière de sa frontale. Des cristaux givrés se reflètent en relief sur sa joue droite. Il doit être transi de froid et de fatigue. Je me redresse sur mes jambes pour l'embrasser. Ses yeux bleus fardés de cristaux blancs sont tout proches. Notre joie va pouvoir éclater, maintenant que nous sommes tous les deux réunis au sommet ! Je crie : « Tomek ! Yessssss !

— Éli, qu'est-ce qui se passe avec mes yeux ? Éli, je ne vois plus ta frontale, je te vois floue ! »

Cette seconde dure une éternité. Tout bascule. Un haut-le-cœur me secoue, la peur m'envahit, je m'effondre sur mes jambes cotonneuses. Les mots de Tomek ricochent dans ma tête. Je veux qu'ils sortent, qu'ils n'existent pas. Je ne veux pas entendre l'inentendable, l'irrémédiable. Mais ses yeux apeurés sous ses cils givrés ancrent ses mots dans mon cœur et dans ma tête.

Du rêve fabuleux dans lequel je planais, je chute dans un gouffre noir. Ce n'est pas possible, c'est un cauchemar, je vais me réveiller ! C'est juste mon cortex qui déraille ! Mais mon corps tremble, grelotte. Je suis submergée par la panique. Mon cerveau fait des raccourcis par rapport aux situations que j'ai déjà vécues en montagne. Il passe de l'espoir au désespoir en une fraction de seconde. De l'illusion à la désillusion. Tomek est aveugle au sommet de son Graal ! Je serre fortement mes paupières, mes larmes gèlent instantanément, se pétrifient. Je n'y vois plus, je frotte mes yeux. Les cristaux abrasent comme du papier de verre.

Aujourd'hui, ce qui me fait le plus mal lorsque je repense à cet instant, c'est que Tomek n'a pu voir ce sommet qu'il désirait tant. Comme si ce Graal lui était défendu...

Nous sommes à 8 125 mètres, complètement seuls et Tomek ne voit plus ! Et si je ne suis pas en mesure de l'aider ? Si je ne peux pas le redescendre ? Dans la nuit, le froid extrême et si haut ! Je suis anéantie. En une fraction de seconde, tout a basculé, nous sommes passés en mode « survie ». Mais que faisons-nous encore ici tous les deux ? Il faut descendre. Je dois réagir vite. Je me force à contrôler mon angoisse, il faut que je me concentre, que je me détache. Je dois être pragmatique. Je dois gérer cette difficulté. Comme en 2015 lorsque Tomek était tombé dans la crevasse, criant « Éli », « Éeelliii », « Éeeellllliiii » dans l'écho de sa chute ! Je crois l'entendre encore. Mais aujourd'hui nous sommes au sommet, à plus de 8 000 mètres, avec un camp de base à 4 200 mètres et, avant, une remontée en traversée au-dessus du camp 4. Le « piège » de la voie que nous avons choisie en cas de problème.

Je m'approche de Tom, l'enlace. Nous nous serrons l'un contre l'autre. Le temps se fige, l'espace d'un instant. La raison me revient : il faut agir et vite ! Descendre rapidement. Je dois être les yeux de Tomek, son guide. « Ne t'inquiète pas, Tom. Prends mon épaule et on descend. » Je garde mon bras droit enroulé autour de son épaule, le fais pivoter sur lui-même et l'accompagne face au vent.

Tout en lui disant ces mots d'encouragement, moi, je me noie dans l'effroi : je ne peux plus me leurrer, la catastrophe est arrivée et c'est à moi de gérer. Il faut qu'on s'en sorte vivants tous les deux. La fuite vers le bas est notre unique espoir. Nous mettrons du temps, mais nous survivrons.

Je prends sa main gauche et la pose sur mon épaule droite.

« Tiens-toi là, Tom, tiens-toi à moi. Garde ta main sur mon épaule. Ne me lâche pas, on y va doucement. T'inquiète pas, ça va aller.

— Oui, Éli. »

Sa voix sonne mal. Il a peur. Je le sens comme un enfant perdu. Ses yeux aveugles reflètent une telle détresse !

J'avance, le cœur battant, l'esprit submergé. Le terrain sur les premiers mètres est débonnaire.

Je teste. Le froid me transperce les os. Je plisse les yeux face au vent incessant, glacial, inhumain. Les larmes se figent instantanément dans mes cils, sur ma joue. Je passe mon gant sur mes yeux ; je n'y vois plus. « Ça va, Tom ? » Je me retourne. Son visage semble pétrifié, marbré de bleu et de blanc. Recouvert de cristaux. Tout est givré : ses yeux, le petit duvet roux sur ses joues. « Oui, Éli. J'ai froid, mais ça va. » L'anxiété reflue un peu, nous trouvons un rythme. Lent, très lent, mais nous descendons, et chaque pas est une victoire vers la vie, vers le camp de base.

Dans ce terrain mixte de neige-glace-rocher, je dois poser chaque pointe de crampon avec soin, méticuleusement. Toute mon énergie se focalise sur la précision de mes pas, ceux de Tom et le balancier entre nous. Je ne pense pas à la suite. Je suis dans l'instant présent. Je descends doucement la première marche, de façon à garder Tomek en équilibre sur mon épaule. Chaque pas me demande une telle concentration que j'en oublie le froid. La respiration suspendue, les muscles tendus, le ventre crispé, je perçois avec une acuité décuplée le moindre mouvement de Tomek. Nous ne faisons plus qu'un en cet instant. Je deviens ses yeux, mes jambes sont ses jambes, mes bras les siens et ma voix nous guide. J'ai peur du froid, je suis déjà gelée et dans la lenteur inhérente à la situation, je ne sais pas combien de temps je vais tenir.

Tomek est toujours en appui sur mon épaule. J'alterne une fois la gauche, une fois la droite suivant la pente du terrain. Il faut que je trouve les gestes adéquats, efficaces, et que je les répète. Répétition des mouvements, je pratique cela depuis mon enfance. Gymnaste jusqu'à l'âge de 18 ans, j'ai été éduquée, entraînée, formatée à la répétition séquentielle pour atteindre le geste efficace. Alors cette construction logique de mouvements, la plus efficiente possible, se met en place automatiquement. Je pose un pied puis un autre, je m'appuie sur un piolet, l'autre est clippé sur mon porte-matériel. Puis je répète la même chose pour Tomek et je contrôle ses pas, ses appuis, comme si c'étaient les miens. Et ainsi de suite. Une routine se met en place, m'aidant à oublier tout le reste l'espace d'une seconde. J'ai froid, Tomek aussi. Je sais que nous progressons lentement, mais nous descendons.

Un tourbillon de questions m'assaille de nouveau : est-ce que je vais réussir à descendre Tomek dans ce terrain scabreux ? Combien de temps ? Transsis de froid, nous ne résisterons pas longtemps. Mon objectif, c'est d'atteindre notre camp 4, je dois fractionner l'itinéraire. Étape par étape. Je me fixe un objectif, un point à atteindre. Puis le suivant, une fois le premier franchi. Le mixte en premier. Le couloir ensuite. Après, on verra. J'accepte l'idée que la nuit va être longue, épouvantable. Le froid ? Le vent ? Bouger est notre seule issue. Ne pas s'arrêter, descendre, remuer dans tous les sens, mais avancer dans les profondeurs de cette nuit glaciale, s'évanouir dans l'obscurité devant nous. Je dois me battre pour lui, pour nous deux et le redescendre !

J'ai très froid. Parfois, je dois m'arrêter pour bouger mon corps dans tous les sens, faire de grands ronds de bras, sautiller sur place, taper sur mes genoux pour amener le plus de sang possible aux extrémités. Frictionner le dos de Tomek. Le faire bouger au maximum alors qu'il semble figé, momifié. L'encourager.

Ma frontale n'éclaire que l'essentiel devant moi. Je sais qu'autour il y a le vide, la pente, mais je me force à me concentrer sur ce halo et sur le moment présent. Il y va de notre survie. Les pas que je dois faire. Ceux de Tom ensuite. Nos deux corps qui s'équilibrent. La concentration sur le moment présent, le pas technique effacent un court instant mes interrogations, mes peurs ; je suis juste obnubilée par l'enchaînement des gestes à réaliser. Les mouvements de crampons-contact-épaule s'enchaînent maintenant sur un rythme quasi automatique.

Le temps s'efface, se dilate. Je parle à Tomek autant que je le peux et que le terrain me l'autorise. Je le motive, j'essaie de lui donner de l'espoir. Je lui parle de sa vie en Irlande, de ses enfants, d'Anna, du sommet, et de la chaleur que nous savourerons, une fois revenus au camp de base. Mais il est distant, ne répond que par monosyllabes.

Une fois la partie mixte franchie, nous abordons le couloir de neige travaillé par le vent. Le terrain est plus débonnaire et nous pouvons accélérer la cadence. Je tends mon bâton derrière moi et Tom en saisit l'extrémité pour me suivre. Je fais attention à ces vagues de glace sculptées qui s'apparentent à des marches d'escalier parfois. Je l'aiguille en permanence ; le stoppe quelquefois quand la cassure est trop grande.

J'ai froid. Le ressentiment m'envahit, me submerge. Mais qu'est-ce que je fous dans cette galère ? Pourquoi Tom est-il dans cet état ? Il ne pouvait pas faire attention à lui ? Je trouve la situation tellement injuste. Pourquoi c'est toujours mon compagnon de cordée qui explose en expé ? Pourquoi je dois toujours gérer la mouise ? Que sont devenues toutes nos règles, celles que nous avons toujours appliquées entre nous : écoute de soi-même, lucidité, sagesse, respect de ses limites et demi-tour à la moindre alerte ?

Je m'enfonce dans l'abîme de la nuit. Je me retourne vers Tomek : il ne porte plus son Buff[1], son nez est tout blanc. Je crie : « Tomek ! Remets ton Buff devant ton visage ! »

Mais Tom a du mal à respirer. Il enlève de nouveau son Buff. Je m'arrête. « Tom, remets ton Buff, ton nez gèle.

— Éli, je ne peux pas respirer ! J'étouffe ! »

Ses mots ricochent dans ma tête, tourbillonnent. Œdème ? Mon Dieu, Tomek fait peut-être un début d'œdème ? Je jure aux vents, je suis désemparée, abasourdie par la dégradation

1. Accessoire multifonction commercialisé par la société espagnole Original Buff SA : tissu élastique de forme tubulaire, utilisé comme protection contre les intempéries sous forme de tour de cour, de protège-visage, de cache-nez, de bandeau, de bonnet, de cagoule, etc.

rapide de son état. La panique me submerge de nouveau. « Éli, j'ai très froid aux mains. »

Je sors vite la boîte à pharmacie. Je retire mes gants, prends une dose de dexaméthasone, un corticoïde puissant préconisé en urgence contre les œdèmes cérébraux, et une seringue. Je cale ma paire de moufles dans ma combi pour la garder au chaud. Je tente de faire l'injection, mais au contact de la combinaison, l'aiguille se brise !

« Tom, tu as quoi sous ta combi ? P… !

— Mon Gore-Tex, j'ai gardé ma couche en Gore-Tex.

— Merde ! »

Je n'ai qu'une aiguille dans cette boîte. C'est une boîte d'urgence, les autres sont au camp 4 !

Je cherche alors la boîte de médicaments, lui donne quatre cachets de 400 milligrammes de dexaméthasone, une grosse dose que je pense adaptée à son gabarit, j'essaie de me conformer aux conseils que m'avait donnés mon médecin avant le départ.

Nous échangeons nos gants. Tomek a moins froid. Nous repartons. Il respire un peu mieux, mais pas assez pour supporter le Buff. Nous devons perdre de l'altitude au plus vite. C'est crucial.

Mal aigu des montagnes, œdème respiratoire ? Où en est Tomek ? Je ne sais pas exactement, mais il est très mal. Lorsque les vaisseaux sanguins d'un organe vital, comme les poumons ou le cerveau, s'engorgent, la pression augmente et le plasma fuit. Cette surpression conduit au coma, noyant les poumons dans le cas d'un œdème pulmonaire, détruisant le système nerveux pour un œdème cérébral. L'œdème, c'est l'urgence absolue, il faut perdre très rapidement de l'altitude, en espérant qu'il ne soit pas déjà trop tard, car quand le processus est enclenché, le cerveau ou les poumons se noient. Nous n'avons pas d'oxygène avec nous, qui pourrait freiner l'inexorable montée de liquide et de pression dans les poumons de Tom.

Je le pousse, l'encourage, me bats. Fuir vers le bas, fuir d'ici. Je n'arrête pas de parler à Tom. Je ne sais pas s'il comprend ni même s'il entend mes conseils. Il semble perdu, loin dans ses pensées, loin dans sa souffrance. Il y a quelques heures encore, nous étions emplis de joie.

Je contrôle ses gestes, les miens. Ma tête fait un va-et-vient constant, de bas en haut : devant moi/Tomek, devant moi/Tomek, devant moi/Tomek… À nouveau en mode automatique.

Ma seule motivation, mon mantra : rejoindre le camp 4, puis le camp de base, puis rentrer chez nous, vivants. Que Tomek puisse retrouver Anna, que je puisse me blottir dans les bras de mon mari. Cet horizon semble si lointain, et pourtant c'est mon seul moteur maintenant que tout chavire.

Je m'engage dans le couloir de descente. Je plante mes crampons. Pour guider Tomek, je tiens mon bâton derrière moi et il en saisit l'extrémité. Je tiens mon piolet de l'autre main. C'est l'unique moyen d'enrayer une chute si Tom glisse sur le côté. Une corde serait bien utile pour le retenir et tellement plus pratique. Mais nous n'avions aucune raison d'en prendre une… sauf l'accident.

Je me rends compte que nous ne sommes plus sur nos traces de montée. Nous avons franchi la jonction mixte couloir. Et nous continuons dans le couloir raide. Nous avançons lentement, mais pas si mal. J'encourage Tom autant que je le peux. Mais il reste fermé, quasi mutique, ne répond que par oui ou par non.

J'enfonce mon piolet dans la neige dure. Je plante mes crampons. Fais un pas pour descendre. Tom suit mon rythme mais il n'a plus de piolets, où sont-ils passés ?

La pente s'accentue. Le blanc rassurant du couloir disparaît dans les abysses de la nuit. Le bas du couloir est là. La suite est difficile à discerner. Je pose Tom sur un caillou émergent. Je cherche le meilleur passage. Je me souviens qu'au bout du couloir il y a une barre rocheuse. Nous devons bifurquer avant. Je m'en remets une nouvelle fois à mon instinct. Dix mètres plus bas, la ligne de faiblesse est là ! Je mémorise la paroi et l'itinéraire. J'éteins ma frontale et attends trente secondes dans le noir pour activer la vision nocturne. Je peux voir la suite. C'est bon, la rampe nous ramène à la pente. Je remonte le plus vite possible vers Tom. Les jambes me brûlent, je halète sans pouvoir me contrôler. J'ai l'impression que mon cœur va éclater sous la pression que je lui impose. Je ne veux pas perdre de temps, j'en profite pour me réchauffer, mais le tempo que j'imprime est violent.

« OK, Tom, on y va, prends mes bâtons sur dix mètres. Ensuite tu te mettras sur mon épaule comme au début. »

Nous traversons un passage plus raide, très travaillé par le vent, plein de cassures irrégulières et de bosses de toutes tailles, puis la zone mixte. Je dois être très attentive. Parfois, je place Tomek face à la paroi pour qu'il ait un meilleur appui. Il réussit à désescalader le passage le plus raide. Je reste à côté de lui. Nous avançons. Nous descendons. Mais nous sommes encore haut. Je lui donne la main, coordonnant ses mouvements sur les quelques pas suivants. Nous sortons de cette zone délicate. J'enfonce mon piolet jusqu'à la garde. L'ancrage est solide. La neige accumulée ici est plus légère. La pente se fait enfin plus débonnaire. Nous continuons à traverser et à descendre jusqu'à rejoindre les cordes fixes. Je suis optimiste : dans quelques heures, nous serons au chaud dans notre duvet.

Le vent glacial de la nuit m'incite à m'activer. Je fais de grands tourniquets de bras pour me réchauffer. Combien fait-il à cet instant avec ce vent ? – 50 °C, – 60 °C ? Moins ? Je l'ignore mais l'effet *wind child* – le froid ressenti à cause du vent qui nous glace – est terrible : jamais de ma vie je n'ai ressenti un froid si mordant, à la limite de notre résistance.

« Ça va, Tom ? Pas trop froid ?

— Si ! J'ai froid ! »

Je lui frotte le dos énergiquement.

J'analyse le terrain. Nous sommes haut, trop haut encore. Nous devons descendre. Tant que nous pouvons. Grâce au lien très fort qui nous unit, grâce aux automatismes de cordée que nous avons forgés au fil de nos expéditions, cette descente-sauvetage s'est mise en place naturellement. Tomek se bat. Son corps brisé d'épuisement se dégrade à vue d'œil, rongé par les effets de l'altitude et du froid. Sa langue gèle quand il ouvre la bouche. Quand il tente de respirer, l'air glacial lui brûle les poumons et la gorge. J'ai tant de peine. La douleur qu'il ressent me transperce le cœur. Son corps n'est que souffrance et il m'est impossible d'en accueillir un peu pour alléger son combat.

Je prends une grande inspiration et détourne mon regard de son visage. Heureusement, la nuit noire me dérobe à cette image insupportable de Tomek. Mes pensées tourbillonnent. Nous continuons dans un silence pesant.

Je me sens d'un coup très seule, perdue, vulnérable.

Dans les pentes rejoignant le pied de la pyramide, j'éclaire Tomek avec ma frontale. Son nez est tout blanc, rongé par le gel. Du sang coule de sa bouche. Ce sang me terrifie. Ses yeux ne sont qu'épuisement, souffrance, peur. Je n'arrive plus à parler, je suis sous le choc. Il me montre ses mains, poings repliés comme des griffes. « Éli ! Je ne peux plus les fermer ! » Là, je crois qu'on réalise tous deux que ses mains sont perdues. Au camp de base, durant la journée d'attente, Tomek m'avait longuement parlé de ce qu'il avait vécu en 2015 sur le Nanga, la souffrance après sa chute dans la crevasse dont j'avais réussi à le sortir, le gel de ses orteils. Il ne les avait pas soignés aussitôt, les plaies s'étaient infectées. Il avait beaucoup souffert. Il ne voulait plus jamais revivre ça. « Je ne veux plus souffrir de gelures, me disait-il, j'ai besoin de mes mains pour travailler. Sinon je ne pourrai plus rien faire ! »

Il a tellement froid qu'il ne cesse de trembler. Je le serre dans mes bras.

Tomek me demande un autre cachet pour avancer. Au camp de base, il m'avait montré une petite pastille arrondie et m'avait prévenue : « Ce médoc, tu le prends quand tu ne peux plus avancer. » Au début je pensais que c'était une amphétamine ; mais non, c'est juste un excitant.

J'essaie de le rassurer. « Tomek, il faut qu'on descende. Tu prends mon épaule et on descend sur les cordes fixes. » Je le tiens car il ne peut appuyer que son bras, sa main est inutilisable. Le terrain est en traversée. Pour plus de sécurité, je l'ai vaché[1] avec son mousqueton, je me suis vachée aussi, et nous sommes parvenus au bout de ces cordes fixes. Tom est vidé. « Tom, chaque mètre parcouru est une victoire, le camp se rapproche. Allez, mon grand ! » Dans ma tête, c'est le néant. Je dois me concentrer sur la suite, avancer, mais je n'y arrive pas. Je ne vois que le visage de Tomek, je ne peux m'enlever cette horrible vision de la tête. Mon Dieu, faites quelque chose !

Je comprends que nous n'allons pas parvenir à rejoindre la tente. Nous sommes à 7 522 mètres d'altitude. Nous pouvons descendre, mais pas traverser et remonter en direction du glacier du Diama. Tom ne peut pas, ne peut plus. Nous sommes pris au piège, ce piège qui me questionnait tant au camp de base et dont nous avions discuté si longuement. Au fond de moi, je sais aussi que si nous nous posons, c'est terminé : nous ne pourrons plus repartir.

Le sang qui coule de la bouche de Tomek me panique. Si je ne déclenche rien pour lui, il gèlera ici, prisonnier du Nanga. Nous nous sommes toujours débrouillés seuls, nous sommes partis conscients des risques que nous prenions

1. Relié

en choisissant le style alpin, le plus léger. Mais maintenant, en dépit de nos principes, je dois faire tout ce qui est en mon pouvoir pour le sortir des griffes du Nanga. Je dois activer un SOS, c'est mon devoir, c'est une urgence vitale pour Tom. J'enfreins le code, nos codes, mais j'ai peur pour lui, pour sa vie.

23 h 10. J'envoie un message à mon mari, et un appel de détresse à Ludo : « *Tomek need rescu soon frosbite and he didn't see nothing pleas manage something with ali sonner as you can. Tomek pas good besoin secours gelure et ne voit* plus. Organise secours avec Ali aussi vite que possible. Altitude : 7 522 m. »

J'envoie aussi un message à Anna et à Altaf, le militaire pakistanais qui est au camp de base.

Ludo répond aussitôt : « *OK* »

Un changement s'opère alors en moi. Je ne suis plus seule à aider Tomek. Jean-Christophe, Anna et Ludo sont avec moi. Une lueur d'espoir face au visage meurtri de Tom. Je repense aux discussions avec Tom, Ali ou encore Daniele sur les secours au Pakistan, les altitudes atteintes. Des vols de reconnaissance au-delà de 7 000 mètres au Gasherbrum 1 et sur l'arête Mazeno ont été réussis. Mais poser un hélico ?

Effectuer un secours ? Avec ce vent et ces températures ? J'en parle à Tom. Nous sommes trop haut, nous devons descendre. J'attends les nouvelles de Ludo.

Jean-Christophe m'envoie un message réconfortant, et me prévient que c'est Ludo qui va superviser les échanges afin de préserver la batterie de mon inReach et de ne pas avoir à doubler les informations. Ludo fera le lien entre l'Europe, le Pakistan et moi.

Je me sens moins seule. Je retrouve un peu d'énergie pour nous deux. Après l'image terrible de Tom et de ses gelures, je peux passer à une image d'espoir, une fraction de seconde, une toute petite fraction. Pour libérer un mince filet d'air dans mon crâne sous pression. Nous ne sommes plus complètement seuls sur cette montagne à lutter. Anna envoie ses bonnes ondes à Tomek, Jean-Christophe me porte par ses mots tendres et confiants, Ludo me guide et m'informe.

Même si nous sommes si seuls ici, dans le froid glacial, dans le silence terrifiant de la nuit, je ne me sens plus aussi isolée.

Nouveau message de Ludo : « *On organise ça prends pas de risque pour toi descends si nécessaire.* » Je réponds aussitôt. « *Merci c la merde ici je me gèle dehors et j'ai super peur pour Tomek.* »

Je reprends la descente avec Tom. Le terrain est plus facile et surtout je peux nous vacher sur les cordes fixes. Je tiens Tom par le coude. Je ne veux pas blesser ses mains gelées. Je lui parle du secours que Ludo organise. Mais nous savons tous deux que nous sommes encore beaucoup trop haut pour être rejoints par un hélico.

Je peux avancer en descendant Tom et lire les messages de Ludo. Mais je ne peux pas y répondre. Enlever mes gants est impossible. Mes doigts gèlent en cinq secondes.

Ludo tente de me rassurer. 23 h 27 : « *Suis au tel avec Ali. Il essaie d'organiser ça. certain à 100 % dispo demain matin.* » Mais une minute après, nouveau message : « *Peux-tu descendre seule ? On essaie de voir d'autres secours en plus d'Ali.* »

Quinze minutes passent. Tom est exténué, il a besoin de faire une pause. Je l'assois sur la crête d'une vague de neige. Il ne peut plus s'accroupir seul. Il cale sa tête contre moi et je l'isole du vent. Je ne comprends pas le message de Ludo. Il est impensable que je laisse Tom ! J'ai déclenché un secours pour lui, ce n'est pas moi qui suis en danger, c'est lui ! Il faut qu'on l'aide, qu'on le redescende au plus vite. Pourquoi Ludo me parle-t-il de descendre seule ?

J'écris : « *Je ne laisse pas Tom* » « *seule pr moi ça craint vraiment gros glacier et tro loin tom* ». Je coupe court en avançant l'argument du glacier comme impossible. Point. La priorité, c'est Tom.

J'éteins l'inReach. « Allez, mon grand, on y va, il faut bouger, on ne pourra pas tenir sinon. Il faut bouger, Tom. Allez ! » Il ne bouge pas. « Allez, mon Tom ! Allez ! » Je l'aide à se remettre sur pied. Il souffre, il gémit. Je prie intérieurement. Je prie pour qu'on vienne à son secours, qu'on allège sa souffrance. J'accroche le mousqueton de Tom à la corde fixe pour relier son baudrier à la corde, par la sangle, et garder ainsi une sécurité en cas de chute. La corde fixe est visible, posée sur la neige, utilisable. Une chance incroyable en plein hiver ! Nous reprenons la descente.

La neige est de nouveau bien sculptée et travaillée. Ma frontale dévoile une vague d'un bon mètre de hauteur. J'aide Tom à descendre, mais je peine à soutenir son poids. Deux pas en avant et nous devons remonter ce mètre descendu péniblement. La remontée est quasi impossible pour Tom. Je taille des marches avec mes crampons et tape fortement dessus pour imprimer une trace confortable pour Tom. Je suis face à lui, pliée en deux, et le soutiens sous ses deux épaules. Je tire de toutes mes forces. En vain. Il ne peut pas s'appuyer en pointe sur ses pieds.

Je dois m'y prendre autrement. Je redescends. Je taille des marches avec mon piolet. J'espère que les marches sont suffisamment grandes pour un appui complet. Tom s'est assis en attendant. La tête basse, il a les bras repliés contre son buste et ses genoux sont repliés contre ses bras. « Tom ! Tommm ! » Sa tête se relève lourdement. Un filet de sang gelé pend de sa lèvre inférieure et termine en cristaux rougis sur sa barbe. Le temps s'arrête. Un instant, une éternité. Mon cœur s'emballe, j'ai l'impression de l'entendre tant il bat fort. Je m'accroupis à côté de Tomek. Je mets ma main gauche sur sa tête et la droite se glisse sous son bras droit au niveau de l'aisselle. J'accompagne sa tête contre la mienne. Mon front s'appuie sur sa capuche. Je reste silencieuse, choquée par l'atrocité de la situation. Tom murmure entre ses mâchoires figées de froid : « Éli, je n'en peux plus, il faut que je m'arrête. Je dois me reposer. »

Je comprends qu'il faut que je trouve quelque chose. Ce n'est plus comme en 2015, lorsque j'ai réussi à le sortir de la crevasse et à le redescendre. Tomek est dans un état d'épuisement tel qu'il ne peut plus avancer. Il parle peu, respire difficilement, le sang coule de sa bouche sur sa barbe, ses vêtements. Ses pieds et ses mains le font terriblement souffrir. Il est à bout.

« OK, Tom je vais chercher un trou à l'abri. On est trop exposés au vent, au froid, il faut s'isoler. Mais avant, il faut franchir ce muret de glace. Derrière, je trouverai quelque chose, ne t'en fais pas. » Je sais que je lui demande un effort surhumain.

Je le redresse péniblement, il vacille, lâche prise. Il semble si paumé, si enfoncé dans la souffrance et la résignation. Il ne réagit plus vraiment. Je l'entoure de mes bras, le soutiens, lui explique de nouveau la manip. « Tom, je reste derrière toi. Tu as trois pas à faire. Je te pousse par-derrière. T'inquiète pas, je ne te lâche pas. » Je le tourne près du mur. Soulève son pied gauche, le place dans la marche. « Tom, tu t'appuies sur ton pied gauche et moi je t'aide à te soulever. 1, 2, 3, alleeeeeez ! » Tom se soulève. J'ai juste le temps de caler ses fesses sur mon épaule. « Bascule ton poids à l'avant Tom ! Bascule ton poids ! » Il bascule et allège mon épaule. Je peux prendre son pied droit et le positionner dans la deuxième marche. « Allez, pousse sur ton pied droit, Tom. Pousse, Tom ! Le droit. » Il est accoudé dans la neige. Les deux pieds ancrés dans les marches. « Tom, mets ton poids à droite ! À droite, Tom ! » Il n'y arrive pas. « Soulève ce côté, Tom, soulève la jambe, là où tu sens ma main. » La charge se déplace, je peux saisir son pied et le monter sur la dernière marche. Le dernier pas est plus simple. L'inclinaison de la pente l'amène à poser directement le genou droit au-dessus. Je l'accompagne en poussant son dos. Il est à genoux dans la neige, s'affale, suffoque, gémit. Je m'agite frénétiquement dans tous les sens, ça me réchauffe un peu. J'ai si froid. Mes pieds, piégés dans ces feuilles en alu que je n'aurais jamais dû mettre, sont gelés !

Les trente mètres au-dessous de nous sont plus faciles, Tomek va pouvoir descendre seul pendant que j'irai explorer le terrain. Je le relie à la corde et lui explique la suite.

« Tom, je vais voir en dessous. Tu peux descendre, le terrain est lisse. Il n'y a pas de vague. La corde est tendue. Tu la tiens entre tes bras et tu la suis. » Un son sort de sa bouche. Ni un oui ni un non ni un OK. Juste un son.

Je descends, j'inspecte quelques crevasses, mais elles sont inutilisables. Je continue à désescalader et, cent mètres plus bas environ, j'en trouve une à l'entrée plus facile, orientée côté Diamir. Je l'explore et vois à l'intérieur une petite grotte dans laquelle on pourrait s'abriter. Je remonte récupérer Tomek. Il est assis dans la neige, exténué. Mains croisées contre le buste, genoux pliés et tête ployée au-dessus des genoux. Il n'a pas bougé. Je le relève, le soutiens. Il titube, mais il marche. Merci, mon Dieu !

Je le fais descendre dans la crevasse en le tenant par les bras. Mais il est trop lourd et moi trop petite, pas assez forte pour le retenir ainsi. Il glisse de mes mains, je ne peux rien faire, il tombe ! Heureusement, ce n'est pas haut : un mètre cinquante tout au plus. Un matelas de neige amortit sa chute. Il se retrouve à plat dos sur la petite terrasse. Il ne glisse pas vers la bouche noire de la crevasse. Je le rejoins, le remets sur ses pieds. J'enlève mon petit sac à dos, l'étale sur le sol, nous nous asseyons dessus, enfin abrités du vent. Tom s'allonge sur mon genou replié. J'isole son dos avec mon autre jambe tendue. Sa tête est posée sur ma cuisse.

Il ne dit rien, frissonne. Je le prends dans mes bras, lui parle, mais il ne répond pas. Il a fermé ses yeux, alors je le laisse se reposer. Tom est exténué. Je le garde dans mes bras. Il est environ 4 heures du matin et nous sommes à une altitude de 7 282 mètres. Au bout d'un moment, enfin, je sens la chaleur entre nous. J'entends seulement sa respiration saccadée et une petite bise d'air, coupée dans sa course par la lèvre de la crevasse. Je sais que le temps presse, que les minutes sont comptées. Que l'espoir pour Tom ne peut venir que du ciel. Il a puisé ses dernières forces pour descendre jusqu'ici, mais les gelures ont cimenté son visage, ses mains, ses pieds. L'expression de son visage est effrayante. Tom a franchi sa limite depuis si longtemps. La situation m'oppresse.

Cette nuit-là, j'ai assisté à l'une des plus terrifiantes et des plus émouvantes démonstrations de courage et de ténacité dont peut faire preuve un être humain pour survivre.

Je me sens étouffer dans cette crevasse. J'ai des fourmis dans les jambes compressées sous le buste de Tom. J'ai besoin de sortir. J'allonge

Tomek sur le sac, repositionne sa capuche sur sa tête et son visage meurtri. Et je remonte. Posée sur la rampe neigeuse. Je rallume l'inReach et trouve un message de mon mari. Ses mots me touchent profondément. Un message d'Anna aussi, rassurant, apaisant : « *Tomek va survivre. Fais tout ce que tu peux pour lui mais j'ai confiance en lui, j'ai confiance en toi, en vous.* » Et encore : « *It will be fine, Eli, Organizing heli, organizing help.* » « *Eli, will be fine please help him ! do you have medicine ?* » Je lui réponds : « *yes we have medicine, we already use dexa and other medicin. But will be great if tomorrow he can fly. Im worri about him.* » « *Anna I'm doing my best for him, and my friend organiz rescu for him.* »

Anna encore : « *thx you. Me too. What can I do ?* » « *Tomek will be fine, don't worry. He will be ok. He will survive. I trust in Tom, in you, in both of you.* »

« *Thx Anna. I'll share all your positiv vib for Tom.* »

Des mots de Ludo aussi sur l'organisation qui s'est mise en place. « *Hélico Ok entre 10 et* 11 heures descends au max. On pense à toi. Love. Boire manger bouger. » « *On essaie secours terrestres en +. Ambassy. Army. Helico. You're not alone. Go down.* »

Je m'allonge sur la rampe de neige inclinée, en contrebas de la lèvre d'accès à la crevasse, juste au-dessus de Tomek. La nuit pèse encore de tout son poids sur la montagne. Je regarde le ciel, glisse vers les étoiles qui m'aspirent. J'ai froid, un vent arctique frappe mon visage, congèle mes joues, givre mes pensées et mes sens. Je ne supporte plus de voir le visage de Tomek, son nez gelé, le sang qui s'écoule de sa bouche. Je dois m'isoler ici et penser. Comment vais-je pouvoir l'aider ? Dans quel état sera-t-il dans quelques heures ? Un sauvetage à ces altitudes est plus que compliqué, surtout quand on est deux. Seule, je ne peux plus rien si Tom ne parvient pas à mettre un pied devant l'autre. Un profond désespoir me saisit.

Trop inquiète, je ne peux fermer l'œil de la nuit. L'anxiété polarise, électrise mes pensées. Le vent glacé me cisaille. Des lames de glace me fouettent le visage, la neige s'insinue partout.

Les minutes, les heures filent, indistinctes. Je ne sais si le temps passe vite ou s'égrène lentement. Je m'énerve contre moi-même. Je ne comprends pas la chronologie des messages de Ludo que je relis.

« *Climbers from k2 comes with 1 helico in case of. 2ᵉ hélico va vous récup où vous êtes. Share me position.* »

« *On essaie secours terrestres en +. Ambassy. Army. Helico.* »

Je réponds sèchement : « *Super je me pèle suis o bord crevasse limite a me faire gelure t'enverrais ma position GPS demain.* » Il est 5 h 30 du matin. Je coupe l'inReach.

Je devine l'aube qui se profile. L'ombre du Nanga se dessine sur le pic Ganalo. L'horizon se farde de poudre rose, les sommets s'illuminent un à un tandis que s'évanouissent les étoiles. C'est spectaculaire. L'aurore ravive mon corps congelé, engourdi. Je tape mes cuisses, frotte vigoureusement mes muscles.

*26 janvier 2018*

Un jour nouveau commence. Il faut que je m'occupe de Tom en attendant les secours. Il a froid, soif, je dois rejoindre le camp 4 pour récupérer quelques affaires, le réchaud, un matelas, la tente, un duvet. Je redescends dans la crevasse, il somnole. « Tom, Anna pense très fort à toi. Elle a confiance en toi. Elle t'envoie tout son amour, sa chaleur et son réconfort. Tu n'es pas seul, Tom, elle est avec toi, auprès de toi. Ludo, Anna, Jean-Christophe bossent pour nous sortir de là. » Je lui dis que les secours sont en train de s'organiser.

Mais en réalité les messages que j'ai reçus sont très flous et j'ai du mal à comprendre ce qui se prépare. Ludo m'a prévenue à une heure du matin que des hélicos partiraient dans la matinée vers 10 ou 11 heures. « *Descends au max* », a-t-il ajouté. Mais deux heures après, il m'a parlé de secours terrestres, en plus, tout en me demandant de descendre. Vers 5 heures du matin, il a évoqué les grimpeurs du K2...

Je redis à Tomek : « Je vais aller chercher notre camp pour ramener des duvets, de la nourriture, le réchaud. Les secours s'organisent. Anna t'aime et pense très fort à toi. » Il répond seulement : « Oui. » Je lui demande s'il n'a pas trop froid : « Non. » Le laisser seul ici c'est lui faire prendre un risque, mais je dois récupérer de quoi le protéger, l'aider.

Je ressors de la crevasse. Je navigue dans l'interminable plateau Bazin, un patchwork de crevasses et de cassures géantes sur deux kilomètres de long, à la recherche du camp 4. Quand on l'a installé, il y a deux jours, le 24 janvier, nous étions dans le blizzard, et je n'ai pas pu prendre de point de repère sur l'arête. Nous n'avions pas non plus balisé l'emplacement de la tente puisqu'on devait redescendre sur nos traces.

Quelques centaines de mètres après mon départ, je me retourne brusquement. La crevasse ! Je n'ai pas marqué la crevasse où j'ai abrité Tomek avec mon bâton pour signaler l'entrée ! Comment puis-je être aussi stupide ? Je me suis noyée dans mes pensées et j'ai dérogé à une règle de base. Je reparcours mon trajet du regard. Je lis mes traces de crampons dans la neige et remonte à leur origine. Je vois la corde fixe. C'est bon : il y a la corde et la crevasse se situe cinq mètres en dessous. L'entrée caractéristique ne laisse aucun doute. J'imprime l'image dans ma tête. Ouf !

Je continue. Durant plus de deux heures, je cherche, j'explore chaque crevasse, je cours partout. En vain. Je suis pourtant bien à l'altitude où nous avons laissé le camp. Mais tout se ressemble, il y a des centaines d'entrées comme celle de la crevasse où nous avons bivouaqué la veille. Pourquoi n'a-t-on pas mis de repère ! Je dois retourner voir Tomek, ça fait trop longtemps que je l'ai laissé.

J'erre sur ce plateau. Je me sens vidée, anéantie ; sous le choc de ce qui s'est passé depuis le sommet ; sidérée par l'état de Tomek, l'image atroce de son visage, de ses mains que je ne peux chasser de mon esprit. Je perds mon instinct, n'arrive plus à me concentrer. D'habitude, en montagne, ma tête fonctionne comme un petit GPS. Une fois que je suis passée quelque part, je sais revenir sur mes pas. Ça ne m'a jamais fait défaut auparavant. Je ne me suis jamais perdue, même dans le brouillard. Jamais. Mais aujourd'hui, je ne parviens pas à me détacher, à me concentrer sur le lieu. Mes pensées tournent en boucle autour de Tomek.

Je ne suis pas loin de notre camp 4, mais ne le trouve pas. Je continue de chercher, alternant les courbes de niveau, élargissant le cercle.

10 heures. Message de Ludo : « *Es tu à la tente ? Situation toi tomek. Il faudra peut-être descendre un peu pour l'hélico.* »

Désespérée, en colère contre moi parce que je n'ai pas retrouvé le camp, je fais encore une tentative. Je vais aller me positionner au début de l'arête, là où nous sommes arrivés en provenance du camp 3. Je retrouverai ainsi plus facilement la crevasse d'entrée à notre tente. Je me cale à l'altitude de notre camp 4, soit 7 300 mètres en regardant l'inReach et je traverse sur deux kilomètres environ le plateau glaciaire. Je parle de plateau, mais il n'a rien de plat. Il est incliné à 30 degrés environ à cette altitude. Chaque fois, à cinquante mètres de l'entrée, je me dis : c'est celle-là ! Illusion, déception. Mais cette fois, j'en suis sûre : la forme est identique, les alentours aussi ! Devant l'entrée, le trou est bouché. Ce n'est pas notre crevasse ! À cet instant, Ludo me demande de partager ma position GPS pour les secours. 7 386 mètres. Je partage.

Je peste contre moi-même. C'est le seul camp de toute la montée qui est à l'intérieur d'une crevasse. Le seul. Nous avons ainsi pu passer une nuit moins sévère, protégés par cet abri naturel du vent et du froid. Je tourne en rond, je m'énerve, je deviens folle. Je suis asphyxiée par l'effort.

Je dois retourner vers la crevasse où j'ai laissé Tomek, cela fait trop longtemps qu'il est seul. En chemin, j'échange plusieurs messages avec Ludo, avec Jean-Christophe.

Je suis de retour à la crevasse, je partage ma position pour que Ludo dispose de l'emplacement exact de notre abri de fortune : 7 282 mètres.

Je descends retrouver Tomek. Il me dit qu'il a froid. Il saigne toujours. Son visage a changé, sa peau gercée est gelée en profondeur, ses yeux sont vitreux. Il est défiguré. Je vois qu'il lui manque un gant, il a mis une sorte de plastique autour de sa main, je ne comprends pas ce qui s'est passé, ce qu'il a voulu faire. Sa main est fermée, son poing serré si blanc. Sur l'autre, il porte encore la moufle que je lui avais donnée.

Mais il y a du sang partout sur sa barbe, sur ses vêtements.

12 h 17. Je renvoie un message. « *Tomek est ds une situation terrible, ne peut pas marcher, on a pas pu rejoindre la tente ms fo l'évac au plus vite.* »

Puis un autre, à 12 h 44 : « *le vent se lève et Tomek saigne bcp de c gelures, infection ne va pas tarder. Altitude : 7 273 m.* »

Je sors de mon petit sac ma dernière paire de gants de rechange. Je glisse la moufle sur la main nue de Tom. Je laisse le plastique transparent. Sa main est froide, dure, gelée. Heureusement, ma paire est une grande taille et je peux rentrer toute sa main dedans. Pourquoi lui manque-t-il un gant ? Je ne veux pas le fatiguer avec mes questions.

Il a trop froid. Je dois le remonter au soleil. Je vais couper un bout des cordes fixes qui pendent juste au-dessus. Mais avec la panne d'un piolet, c'est une opération longue et difficile. Dans ma tête défile la nuit que nous venons de vivre. Le sommet atteint. La descente interminable dans la nuit et l'enchaînement des galères. Je tente d'aborder la situation comme une équation mathématique :

1 – Je sais que les hélicos sont en route, mais je ne sais pas quand ils arriveront.

2 – Je sais que nous ne sommes plus seuls : Jean-Christophe, Ludo et Anna gèrent du mieux qu'ils le peuvent. Mais j'ignore tout des obstacles auxquels ils se heurtent.

3 – Je sais que Ludo gère les échanges au sein de l'équipe qu'il a fédérée et fait le lien entre le Nanga et l'Europe.

4 – Quelles sont mes options ? Je peux descendre dans la voie Kinshofer, la voie normale de montée au Nanga : c'est un terrain inconnu, raide, mais non crevassé. C'est possible jusqu'au camp 3. Au-delà, impossible et dangereux à faire seule sur la glace vive, sans rappel. Sinon, je peux traverser sur le Diama, c'est la nouvelle voie que nous venons d'ouvrir les 23 et 24 janvier : un terrain connu, praticable seule, mais il y a beaucoup de crevasses et de ponts précaires. Ce sera plus long pour atteindre l'altitude demandée, mais cet itinéraire m'offre une autre possibilité de retrouver le bivouac du camp 4 et de quoi protéger Tomek le temps que les secours arrivent. Dernière option : je reste avec Tom, le protège, l'accompagne…

Je suis tellement impuissante. Terrifiée. Nous payons le prix d'un enchaînement de petites décisions, de petites erreurs qui nous ont conduits à la catastrophe. Un miracle peut-il encore se produire ? Continuer, espérer, c'est la vie. Je pense à Jean-Christophe. Il faut que je trouve une solution pour nous sortir de là, Tom et moi, pour fuir la montagne, ce lieu devenu hostile, sévère et froid. Nous allons nous en sortir tous les deux ! On va le récupérer et demain ce sera un mauvais souvenir. Je prie pour que les secours arrivent le plus tôt possible, Tom ne peut plus attendre. Au moins, il fait beau, les hélicos peuvent voler. *Quid* de moi ? Qu'est-ce que je dois faire ? Puis-je le laisser quelques heures ? Dois-je descendre ? Rester avec lui et attendre ? Je ne peux pas le laisser. Je suis déchirée. Ma situation à moi n'est pas désespérée, je ne comprends toujours pas pourquoi Ludo me demande de descendre !

Je ne prendrai connaissance de l'organisation des secours, du *crowdfunding* lancé par Masha Gordon pour les financer, de l'ampleur du dispositif, de la complexité des négociations, etc., que longtemps après mon retour.

Dans les mois qui ont suivi, j'ai rencontré de nombreuses personnes qui sont intervenues, à un titre ou un autre, dans l'organisation des secours en France, en Pologne, au Pakistan, en Italie. Daniele

Nardi, grâce à sa connaissance de la montagne et à son réseau de connaissances en Italie et au Pakistan, a joué un rôle capital. Ils étaient plus d'une trentaine formant la team secours, *via* un groupe Whatsapp, et ont passé soixante-quinze heures non-stop derrière leur écran à téléphoner, étudier, décider, organiser, manager, négocier, coacher, Ludo coordonnant tous ces efforts depuis Gap.

En février dernier, au salon ISPO de Munich, j'ai rencontré un Italien qui m'a dit : « Je suis désolée, Éli, j'ai fait partie des nombreuses personnes qui ont poussé et forcé pour que tu descendes et que tu sois là aujourd'hui. Je sais les conséquences que cela a eues pour toi, mais nous devions te sauver et te convaincre de t'échapper de cette montagne. »

Je descends dans la crevasse. Tom est frigorifié. Je frictionne ses cuisses et son dos doucement. J'ai peur de lui faire mal. Je l'encorde avec le bout de corde fixe que j'ai enfin cisaillé avec la panne de mon piolet, le remonte, fais un relais avec mon piolet pour tenter un système de mouflage, mais la neige est trop inconsistante pour un ancrage solide. Je dois creuser en dessous, poser mon piolet à plat au fond. Placer une sangle en son centre, le recouvrir et extraire la sangle. De là, je peux avoir un point solide. Je pose un mousqueton sur la sangle. Et passe la corde dedans. Je fais un demi-cabestan et j'installe une ficelle en guise de mouflage. Je prends Tomek sec en bout de corde pour le remonter. Il ne peut s'appuyer sur ses pieds, il est assis sur ses genoux. Malgré la répartition des poids, Tom reste lourd. Je tire de toutes mes forces. Mais je ne parviens pas à le soulever, je dois installer un bloqueur. Soudain, je sens la tension diminuer sur le brin de corde. Tom m'aide ! Il a réussi à soulager la corde en calant ses genoux sur les marches que j'avais taillées. Au bout d'un temps interminable – j'ai perdu la notion du temps, une heure, peut-être deux ? –, je parviens à l'extraire de la crevasse. Je l'allonge sur le côté, au soleil dans la pente de neige.

Je l'aide autant que je peux à se positionner confortablement, je soulève sa tête afin qu'il respire mieux et la cale sur mes genoux. La voix de Tomek a changé : elle est rauque, terrible. C'est la même qu'en 2015, lorsqu'il était tombé dans la crevasse. Comme s'il venait d'un autre monde. Il a soif, tente péniblement d'avaler sa salive. Je n'ai pas d'eau. Cela fait vingt-quatre heures que nous avons vidé nos bouteilles d'eau, juste en dessous du sommet. Je récupère un peu de neige sur le bout de mes doigts et la pose dans sa bouche. Il la laisse fondre doucement, mais le liquide ressort. Je lui en redonne un peu. Même situation. J'arrête. Tom n'est pas en état. La luminosité et le rayonnement sont importants, j'abrite du soleil son visage meurtri. Je suis à genoux, ma main posée sur son épaule.

Je lui parle. J'essaie de le rassurer et tente de parler d'autre chose que des secours.

« Tomek, tu as atteint le sommet du Nanga, le but de ta vie. Tu pourras écrire ton livre, les gens t'aideront, Anna t'aidera, je t'aiderai.

— Oui. »

Nous avons discuté maintes fois ensemble de ce livre durant cette année. Je devais l'aider à écrire les chapitres sur notre histoire. Nous nous l'étions promis. Son titre est déjà trouvé : *Czapkins Life*. *Czapkins*, qui signifie « casquette » en polonais, c'est le surnom de Tomek. Tom a toujours une casquette sur lui, quelle que soit la saison. *Life*, c'est pour toutes les vies qu'il a déjà vécues. Gamin dans la forêt avec sa grand-mère. Adolescent en ville, malheureux entre béton et bitume. Adulte, *addict* à l'héroïne, puis en cure de désintoxication au centre Monar en Pologne.

À deux doigts de l'overdose après avoir replongé. Une nouvelle cure de désintoxication, et il s'en est sorti, a découvert l'Himalaya durant un voyage en Inde, a fait un peu de voilier, s'est marié avec Joana, a eu deux enfants : Max et Tonia. Il a découvert l'escalade avec Marek Klonowski et progressé rapidement. Puis, en 2008, avec Marek encore, en près de quarante jours sur les plus grands glaciers du monde entre le Yukon et l'Alaska, il a réussi la traversée intégrale du mont Logan (5 959 mètres), point culminant du Canada. Ensuite, en 2009, il a grimpé seul le Khan Tengri (7 010 mètres) dans le massif du Tian Shan, au Kazakhstan. Il est parti travailler en Irlande, est retourné en Pologne, a rencontré Anna. Zoïa est née. Ils sont partis tous les trois vivre en Irlande. En 2010, il a découvert le Nanga et sa divinité, Fairy, qui sont devenus l'objet de sa quête spirituelle. En décembre, juste avant de s'envoler pour Islamabad, il a dit à un média polonais : « Cette montagne ne me laissera jamais tranquille. » À un journaliste italien, il a confié qu'après avoir séjourné six hivers de suite sur le Nanga, il s'y sentait un peu comme à la maison. Il a aussi parlé du rapport étrange qu'il avait établi avec cette montagne, de sa volonté de boucler ce projet, du développement spirituel qui l'intéressait plus que tous les records.

J'enrage de mon impuissance. Je lui parle, le rassure, mais intérieurement, je suis vidée. Je suis dans l'attente de nouvelles en provenance de Ludo et l'idée de descendre ne me convient pas. Je n'arrive pas à l'accepter. Entre Tomek et moi existe un lien très fort, notre cordée est fusionnelle. Dès notre première rencontre sur le Nanga s'est créée une alchimie que je ne peux expliquer. Peut-être l'attirance des contraires ?

Nous ne nous ressemblons pas du tout. Nous n'avons ni la même constitution physique ni la même philosophie. Comme lui, j'aime passer du temps en altitude, j'aime m'imprégner des lieux, mais je n'éprouve pas la communion que Tom ressent avec cette montagne et avec Fairy, sa divinité. Tom est un *outsider*, grand admirateur de l'himalayiste polonais Jerzy Kukuczka. Il part en montagne avec un sac de rêves plutôt qu'un sac de matériel, avec un mental d'acier plutôt qu'une préparation physique intensive et les contraintes d'un athlète. C'est un esprit libre ; sa quête spirituelle sur le Nanga me fascine. Je ne comprends pas toujours comment il fonctionne : il alterne phases de motivation et gouffres de dépression, il abandonne le projet de sommet puis, presque aussi sec, s'y replonge. C'est comme une addiction. Comme si le Nanga était à la fois son exutoire, sa liberté, mais aussi sa prison !

Physiquement, nous sommes à l'opposé l'un de l'autre. Plus lourd, plus charpenté – 80-85 kilos, 1,70 mètre –, il est d'une rusticité et d'une robustesse exceptionnelles et dispose de plus de réserves. Je suis un petit gabarit : 1,56 mètre, 48 kilos au début de l'expédition, souvent 40 au retour, avec un métabolisme qui consume vite le peu de surpoids que je m'efforce de stocker avant mon départ.

En altitude, il mange peu, peut méditer et jeûner durant une semaine alors que moi, j'ai toujours besoin de manger. Je dévore les portions de nourriture pour deux ! Je mange de plus en plus au fil de l'ascension. Cela me rassure, c'est un indicateur que je surveille. Si j'ai moins faim, cela peut signifier que mon acclimatation n'est pas optimale.

Il semble n'avoir jamais froid, souvent il ne porte ni bonnet ni gants. Moi j'ai besoin d'empiler les couches, je suis plus frileuse, plus exigeante en termes de confort.

Tomek aime la marche lente, les pas saccadés. J'aime la vitesse, j'ai un rythme nerveux et continu. Avant de partir en expédition, Tomek s'entraîne très peu. « Pourquoi j'irais me fatiguer à courir ? » m'a-t-il souvent répondu en riant. Il aime fumer aussi. Pour la première fois cette année, il m'a écoutée : chez lui en Irlande, le soir après ses journées de travail, il s'est entraîné et, surtout, il a cessé de fumer.

Moi, au contraire, je ne laisse pas ou peu de place au hasard : je prépare tout, je calcule, je m'entraîne comme une athlète de haut niveau, j'élabore des protocoles de sécurité.

Nous divergeons aussi beaucoup sur notre approche de la sécurité en expédition. Il compte sur Fairy pour nous guider. Moi, j'ai besoin de tout calculer, d'étudier l'itinéraire, de visualiser. Même si, sur le terrain, je me fie énormément à mon intuition. J'arrive à sentir où est la clé de l'itinéraire, comment avancer dans le brouillard, dans un labyrinthe de glace. Je visualise et mémorise les détails du relief, le profil et je suis capable de revenir sur mes pas, qu'il fasse nuit ou qu'il y ait du brouillard. Dans notre cordée, je suis le plus souvent devant, j'aime chercher le passage ou l'anticiper. Je ne me sens jamais perdue, je n'ai que rarement peur. Parce que j'ai étudié en amont toutes les possibilités de « réchappe », c'est-à-dire de descente de la voie avant d'avoir atteint le sommet, que je me suis fixé un nombre maximal de jours là-haut, que j'ai calculé le temps pour aller au sommet et revenir, le temps exposé en traversée en fonction des vents.

Les prévisions météo, Tom n'en a cure, il n'a pas envie de stresser avec ça, convaincu que Fairy veille sur lui. Il avance au rythme de la montagne, dit-il. Moi, j'ai besoin de connaître la météo à l'avance pour anticiper la suite. Lui sait qu'il est capable de passer plusieurs jours en altitude à attendre que le temps se calme pour repartir, à méditer pour aller puiser des ressources inconnues au plus profond de lui ; il se sent capable d'affronter une tempête, de se replier dans une grotte de glace en attendant que le temps redevienne clément, il l'a déjà fait d'ailleurs. Moi au contraire j'ai absolument besoin du point météo que Jean-Christophe ou Ludo m'envoie chaque jour, sinon je ne suis pas tranquille. L'idée d'être bloquée par le mauvais temps au-delà du sérac, à plus de 6 000 mètres d'altitude par des vents d'enfer, m'effraie. Rester à l'arrêt en altitude, c'est aussi prendre des risques inutilement, perdre des forces et de l'énergie. J'essaie toujours de préserver mon énergie et ma vitesse le plus longtemps possible sur la montagne afin de retenter une action si la météo ne le permet pas au premier *push*.

Nous différons encore dans la manière d'envisager les relations avec nos proches en expédition. Chaque jour, j'informe Jean-Christophe, mon mari : c'est un mode de fonctionnement que nous avons établi ensemble, avant mon départ. Et je respecte scrupuleusement cet engagement pour notre bien à tous deux. Pour communiquer, j'ai emporté un téléphone satellite, un Thuraya, que j'ai dû laisser au camp de base, et un tracker GPS, un inReach. Un matériel peu coûteux. En revanche, je n'ai aucune connexion Internet en expédition : c'est volontaire, j'aime me couper de tout. Le monde d'aujourd'hui est ultraconnecté, je m'y sens saturée d'informations malgré moi. J'aime me déconnecter de l'actualité, de la marche du monde et me brancher sur la montagne.

Tom, lui, n'a emporté aucun moyen de communication. Le Thuraya qu'il avait durant l'expédition de 2016 est hors service depuis son retour et il ne l'a pas fait réparer. Il ne donnera pas de nouvelles à sa femme Anna ; il affirme que ce n'est pas un problème. J'en ai déjà discuté plusieurs fois avec lui. Pourquoi laisser Anna dans cette incertitude ? Il dit que c'est une façon de la protéger, de lui prouver son amour que de ne pas l'embarquer dans le quotidien de ses pensées là-haut. Je ne vois pas les choses ainsi. Si je ne donnais pas de nouvelles à mon mari, je l'exposerais à l'angoisse de celui qui attend sans rien savoir, mais en pouvant tout imaginer. Heureusement, Anna est en contact régulier avec Jean-Christophe et dès que j'envoie des nouvelles, il les lui transmet !

Tomek est aussi très habité par la légende ou le mythe de Fairy. Au fil des expéditions sur cette montagne, il semble être entré en connexion avec la divinité de la montagne. Quand il a un doute, il me dit : « Je vais parler à Fairy », avant d'aller s'isoler un peu. Puis il revient et me dit : « On va faire ça, on va passer par là. »

« C'est une divinité qui t'accueille ou te rejette. Il ne faut pas voir son visage dans un rêve, sinon tu mourras sur la montagne ! » C'est ce que racontent les gens habitant les vallées autour du Nanga Parbat. Quand il m'a rapporté cette histoire, j'ai aussitôt pensé : « OK, ce n'est qu'une légende moyenâgeuse. » Mais Tom, lui, y croit, il m'assure que Fairy lui parle dans ses rêves, le guide.

En 2015, il était seul sur le Nanga, versant Rupal. Posé derrière un caillou, il avait entendu une voix : « Je te veux, je te veux ! » puis tout un pan de montagne s'était détaché autour de lui dans une avalanche de plaques. En 2015, en chutant dans une crevasse, il avait entendu parler un homme et une femme : « Mais qu'est-ce que tu fais ? — T'inquiète, s'il est costaud il survivra ! » Et Tomek avait survécu à cette chute de quarante, cinquante mètres. En 2016, nous étions ensemble et butions sur un vilain sérac déversant. J'étais explosée, jouant du piolet-traction dans une glace compliquée, tentant de forcer le passage dans un combat asphyxiant. J'étais à deux doigts d'y parvenir, mais la glace était trop délicate sur les derniers mètres, anéantissant mon unique espoir. Derrière, une lame de glace se détachait. Il fallait aller voir. Tom me dit : « Laisse-moi deux minutes, je vais réfléchir. » Intérieurement, je me dis : « OK, c'est le Fairy call ! » Il revint. « Éli, le passage est dans la crevasse. — OK, on tente, de toute façon, on n'a plus trop le choix. » La clé du passage se trouvait effectivement à l'intérieur ! Tom a mis cette victoire sur le compte de Fairy. Moi, je suis restée dubitative.

Très sensible à la culture hindouiste, qu'il a découverte lors d'un long séjour dans une léproserie en Inde, Tomek est inspiré par Fairy. Ses tentatives pour atteindre le sommet du Nanga se rapprochent autant de la quête mystique, existentielle, que de l'exploit sportif. Pour lui, aller à la conquête d'un sommet, c'est aller à la conquête de lui-même : dans le non-attachement, le dépouillement de tout confort, vers un moment présent plus intense, séparé du passé inutile, n'envisageant pas le futur plus loin que le prochain pas… La liberté de celui qui est démuni de tout. Il questionne beaucoup l'himalayisme actuel et ses dérives.

Ce que j'apprends là-haut avec lui m'interroge profondément. Un jour, au camp de base, Tom m'a raconté : « Quand tu bois un verre d'eau, songe bien que ces molécules ont coulé un milliard de fois dans des ruisseaux, rivières, fleuves, sont parvenus mille fois dans des océans, se sont évaporées mille fois, ont constitué de la pluie, de la neige, que ces molécules ont été respirées un million de fois, transpirées, crachées ou pissées, ont constitué des organismes végétaux, animaux, que ces molécules ont toujours été, et seront toujours, sous une forme ou sous une autre, avant de revenir à leur source, et qu'elles sont maintenant dans ton verre pour te permettre de vivre. Si tu vois cela, si tu agis en conscience en buvant ou en mangeant, tu échappes à la matérialité. »

Pour moi, cela relevait de la méditation, dans ce lieu à la poésie inspirante. Mais peut-être que je me trompe, que je me suis trompée. Tom marchait et montait vers Fairy, se rapprochant du mystère dont il avait, si ce n'est la perception consciente, l'intuition vivace.

Les premiers mots de Tom pour Fairy m'ont fait sourire intérieurement. Moi je crois aussi, mais en Dieu. Fairy me semble une idée farfelue, mais écouter ses histoires m'amuse et ouvre mon imagination à d'autres horizons. Fairy étaye nos conversations au camp de base, avec nos amis, et je suis convaincue que cette légende est née de la peur des hommes, comme le monstre du Loch Ness ou le yéti. Tomek est juste un chasseur d'énigmes !

Curieusement, malgré toutes nos différences, malgré nos approches et nos méthodes opposées, Tom est le compagnon de cordée idéal pour moi, avec lequel je ne me dispute quasiment jamais, mais apprécie au contraire de discuter, de chanter, de rêver... Le plus costaud aussi pour le Nanga. Sa sérénité et sa force me rassurent, m'apaisent. J'ai confiance en lui et peut-être même, parfois, en sa bonne fée Fairy ! J'adore sa bouille de clown et ses expressions. Avec moi, il est doux, affable, gai, d'une extrême sensibilité. La vie en bas lui donne le mal de l'air et comme lui, je trouve que la vie en altitude a l'art de pouvoir arrêter le temps, de nous en extraire, de nous ramener à l'essentiel, à la simplicité, et même de stopper la trotteuse interne, de pouvoir faire le vide. Tout comme moi, la montagne l'inspire.

Ensemble, nous pouvons parler sans discontinuer durant des heures sans jamais nous ennuyer. Tom m'a dit plusieurs fois : « Avec toi, je pourrais parler des heures et des heures, mais souvent, avec les autres, je n'ai rien à dire ! » En montagne, nous naviguons entre silence et excès de mots, nous n'avons pas besoin de communiquer lorsque nous cheminons, comme si nos pensées s'harmonisaient. Mais au camp de base ou sous la tente, nous déblatérons durant des heures. Il est d'une générosité irradiante, qui aimante tous les cœurs adultes et enfantins de la vallée du Diamir. Il donne son matériel, ses vêtements, ses chaussures, quitte à se dépouiller lui-même, comme lorsqu'en 2015 il a donné sa paire de chaussures à Altaf, un policier qui effectuait une rotation et montait au camp de base. Lui est descendu en boitillant, après sa chute dans une crevasse. Sauf qu'il avait neigé durant la nuit. Le lendemain, ses pieds déjà en souffrance regelaient.

Notre complicité est rare et précieuse dans cet environnement hostile. Le Nanga Parbat en hiver avec Tomek, c'est surpasser nos limites mais respecter l'autre, le laisser libre de vivre ce qu'il recherche.

Après trois expéditions ensemble ici, nous sommes toujours motivés, heureux. Nous ne nous disputons que très rarement. Sauf lorsque nous évoquons l'expédition de 2016 au Nanga Parbat. Tomek a eu cet hiver-là au camp de base un vif différend avec l'himalayiste italien Simone Moro. Et il ne s'est jamais remis des propos blessants de Simone qui, publiquement, avait rouvert les vieilles cicatrices de la vie de Tomek. Il revient en boucle sur cette histoire. Je suis persuadée, pour l'avoir vécu moi-même, que la souffrance tronque notre jugement et nous enferme dans une spirale amère qui nous détourne de notre personnalité. Cette année, je trouve Tomek changé, aigri, dépressif, obsessionnel. Alors que de mon côté, la première accomplie par le trio Txikon/Sadpara/Moro[1] m'a libérée, éteignant définitivement cette tension et cette rivalité que j'avais si mal vécues au camp de base en 2016.

Alors, comment pourrais-je l'abandonner, le laisser quelques heures ici et descendre loin de lui comme me le demandent les secours ? Ma gorge se noue. Je tourne la tête. Je ne veux pas qu'il voie mon trouble. Je saisis fortement un bout de glace pour me contracter avant que l'émotion me submerge.

Je lui parle des secours. Je lui dis que je n'ai pas trouvé le camp 4, mais lui explique la solution indiquée par Ludo : l'hélicoptère ne peut récupérer deux personnes à l'altitude où nous nous trouvons, il faut donc que je descende au maximum seule, afin que lui puisse être récupéré au plus vite. « Oui, Éli, c'est la solution »,

1. Le 26 février 2016, par la voie Kinshofer sur le versant Diamir, l'Italien Simone Moro, le Basque Alex Txikon et le Pakistanais Ali Sadpara ont réalisé la première ascension hivernale du Nanga Parbat. L'Italienne Tamara Lunger, qui participait à l'assaut final, a dû rester en contrebas du sommet, trop affaiblie pour continuer.

me répond Tomek. Puis il ajoute : « J'ai froid, je veux me reposer. »

Ce sont les derniers mots qu'il a prononcés.

Les minutes passent, dans un silence minéral, terrifiant. Je regarde Tomek et continue à penser qu'il faut que je trouve le camp 4 pour pouvoir rendre les conditions de son attente un peu plus supportables. Ma conscience me dit que je dois rester avec lui pour l'aider, l'accompagner, le réchauffer, prendre soin de lui. Ma raison rétorque que s'il a encore une chance de survivre, et si je ne descends pas, je le condamne.

Les messages de Ludo se succèdent. 13 heures « *Ca traine pour l'hélico. On fait tout mais essaie de descendre au max. tiens bon.* »

« *Peux-tu descendre seule au maximum ?* »

« *Si 7 200 équipe terrestre. Si dessous hélico.* »

« *on a débloqué 15 000 euros perso pour hélico mais pas encore parti.* »

L'option envisagée par les secours pakistanais et par Ali, notre agent, impose que je descende : l'hélico ne peut emporter que deux personnes, m'a-t-on expliqué, il montera secourir Tomek. Moi, je dois descendre seule de mon côté. Mais j'ai beau tourner et retourner cette option dans ma tête depuis ce matin, je n'arrive pas à partir. D'abord parce que je ne supporte pas de laisser Tomek seul trop longtemps, ensuite parce que je ne peux redescendre seule le glacier du Diama, il est trop crevassé. Je ne l'envisagerai qu'en dernier recours.

Le vent se lève, Tomek a froid.

Nouveaux messages de Ludo : « *Peux-tu passer par la Heisendle-Messner et descendre ? Il faut remonter au col pour ça.* » « *Si oui pars maintenant.* » « *Tu dois descendre jusqu'à 6 000. Problème avec hélico.* »

Ludo préconise donc la voie Eisendle-Messner, une voie que je connais et qui est moins technique à la descente. J'y réfléchis. L'itinéraire est crevassé pour une descente seule et sans corde. Je suis encore traumatisée par la chute de Tom en 2015 sur cette partie du glacier lors de notre descente, justement sans corde. On s'était dit : plus jamais ! Et si on doit remonter avec l'équipe terrestre, si l'hélico ne parvient pas à monter jusqu'à la crevasse ? Ce sera trop long. Je réponds à Ludo : « *non c'est la partie du glacier ki pu, sérac et big crevas et tro loin Tom* »

Nouveau message de Ludo : « *par où veux tu descendre ? On doit savoir pour organiser en fonction !* » Je sais que l'option la plus sage et la plus rapide est que je descende par la voie Kinshofer, un itinéraire direct qui a de plus l'avantage de ne pas trop m'éloigner de Tomek. C'est là que je dois aller si Ludo me donne le feu vert. Je lui écris : « *oui je peux descendre sur la voie Kinshofer, probablement 6 800. Dis moi juste quand ?* »

Puis un quart d'heure après, nouveau message de Ludo : « *Ok Kinshofer alors ? Tu dois atteindre 6 000... peut être 6 500 pour l'hélico* »... « *6 800 possible avec hélitreuillage, garde baudrier.* »

On me parle désormais de rejoindre l'altitude de 6 700, 6 800 mètres. Pour la première fois, je commence à considérer cette option et à me dire : « OK, alors si je veux le secourir, je dois descendre. » Mais si je descends, ce sera par la voie Kinshofer, car entre le camp 3 et le camp 4 dans cette voie, il n'y a pas de crevasse : je peux perdre rapidement de l'altitude tout en ne m'éloignant pas trop de Tomek. Au-delà du camp 3, en revanche, je ne pourrai pas continuer : le grand mur de glace vive de plus de 500 mètres de dénivelé, incliné parfois à 45 degrés, avec quelques passages encore plus pentus, est infranchissable avec le matériel que j'ai sur moi. Et il y a aussi le mur Kinshofer, un mur rocheux de 100 mètres. Même si, par une chance extraordinaire, il y avait encore des cordes fixes, elles seraient prises dans la glace. Tomek m'avait raconté qu'à l'hiver 2012, il avait ainsi trouvé des cordes fixes, mais inutilisables, car emprisonnées dans la glace.

Tomek n'a plus de piolets, il a dû laisser tomber les siens dans la descente. Avec les miens, je l'assure et le redescends dans la crevasse. Je l'aide à s'allonger de nouveau dans la grotte. Je le vache avec mes piolets et le bout de corde fixe. J'ai tellement peur qu'il glisse dans la gueule noire et terrifiante de la crevasse ! Je le frictionne encore.

Dans ma tête, tournent les messages de Ludo. J'essaie de faire le point, d'y voir clair. Il m'a dit que les hélicos peuvent monter et rejoindre Tomek vers 10 ou 11 heures du matin. Ludo a aussi dit qu'un secours terrestre se mettait en place. Mais de qui parle-t-il ? Des grimpeurs du K2 ? Ludo ne veut pas que je prenne de risque et me demande plusieurs fois de descendre. Je ne peux pas, et dans ma tête, je lui réponds : t'inquiète pas, Ludo, je ne prends pas de risque actuellement. Je dois aider Tom, c'est tout. On ne parle pas de moi mais de lui en ce moment !

Dans un autre message, Ludo a évoqué un deuxième hélico, en route pour nous récupérer à l'altitude où nous sommes et m'a demandé de partager ma position. Puis on m'a dit qu'il fallait que je descende, que ça traînait pour l'hélico mais qu'ils faisaient le forcing. Ensuite Ludo m'a demandé si j'étais toujours au même endroit, si je pouvais descendre seule et jusqu'où pour rejoindre l'équipe terrestre de secours. Plus tard, il m'a confirmé que l'argent nécessaire avait été débloqué, mais que l'hélico n'était pas encore parti.

Tom plonge dans la torpeur ! Il faut que je réagisse, que je bouge, que je décide. Mais comment l'abandonner ?

Aujourd'hui, je me sens responsable de ne pas avoir vu et compris dans quel état était Tom au moment de le quitter, de m'être masqué la réalité.

13 h 54. Ludo : « *OK descends où tu le sens, le plus bas possible. Mais indique nous pour helico.* »

14 h 02. Anna : « *Kocham ci najdrozszy dacie rade Eli dacie rade. Pomoc nadchodzi. Eli help*

*is coming. You will be ok* » (« Je t'aime très fort, je t'aiderai. L'aide arrive. Eli l'aide arrive. Vous irez bien. ») « *Eli are you going down ?* » « *will be fine Eli* »

14 h 07. Nouveau message. « *rescue team say : descend jusqu'à 6 000 m, on récup Tomek à 7 200 m et on te récup après.* »

Il faut donc que je descende, que je laisse Tomek ? Mais je peux peut-être auparavant aller récupérer du matériel, le temps que les indications qu'on me donne deviennent plus précises. Je suis obnubilée par notre camp 4 où sont restés nos médicaments, le réchaud, les duvets, qui pourraient soulager Tomek.

Je m'adresse à Tomek : je lui explique que je pars… à la recherche du camp 4. « Ne t'inquiète pas, Tomek, les secours hélico arrivent dans quelques heures. »

Maintenant je dois vivre avec cette dernière image de lui, sa voix rauque et cet espoir que je lui ai laissé.

*26 janvier 2018*

Je plante un de mes bâtons pour marquer l'emplacement de la crevasse où se trouve Tomek. Les secours disposent aussi du point GPS. Les premiers pas sont un calvaire. Mes pieds pèsent des tonnes. J'ai peur de m'éloigner, de quitter Tom. J'aurais tellement aimé que les choses se passent autrement, la situation est trop compliquée. Seul l'espoir des hélicos de secours me donne l'énergie de bouger, de me battre pour Tomek, pour nous. Les secours doivent arriver dans deux ou trois heures et moi, je serai récupérée ensuite, plus bas.

Cette fois, j'essaie d'explorer le plateau Bazin d'une manière différente. J'ai eu le temps d'y réfléchir en aidant Tomek. Je rejoins d'abord l'arête. Je me souviens d'un rocher plus saillant par lequel on est arrivés le 24 janvier. Je devrais pouvoir le retrouver. Le camp est quasiment à niveau, à cent mètres de ce point.

Mais tout se ressemble, je n'arrive pas à me repérer. Quand on avait passé l'arête, il y avait trop de brouillard, impossible de prendre de vrais points de repère. Je cherche, je cherche désespérément. Je jure au vent, je m'énerve. J'erre de nouveau sur ce plateau, comme au milieu d'un océan, noyée dans l'immensité, l'infini, l'insondable. Le vent a sculpté des vagues de neige au milieu des crevasses dans lesquelles je ne dois pas chavirer. Le soleil irradie le plateau. Premier brin de chaleur, de vie, depuis le cauchemar de cette nuit. Mais, dans quelques heures, le piège se refermera sur nous et ma tête reste écartelée par ce dilemme : attendre ici avec Tom ou partir ? Que dois-je faire ?

14 h 30. Message de Jean-Christophe. Les mots de mon mari me bouleversent. Me ramènent à moi-même. Je pleure.

Je lis son inquiétude, mais aussi son amour, sa confiance. J'ai tellement besoin de l'entendre, lui ! Je rêve de l'appeler, mais c'est impossible. Son message agit comme un électrochoc, il me reconnecte à la réalité et à mon émotion.

Jean-Christophe me donne la force de descendre, de quitter le plateau, renforce les mots de Ludo, me rassure sur l'organisation des secours. Tous s'accordent, j'ai confiance.

> Descendre par la voie Kinshofer est la décision la plus risquée que j'ai prise dans ma vie. Je savais qu'après le camp 3, je serais bloquée dans une impasse, condamnée. En hiver, les températures trop basses empêchent la neige de coller à la paroi. Les vents violents balaient et polissent le rocher, ne laissant place qu'à une glace dure, compacte, difficile à ancrer avec crampons et piolet. Une paroi vitrifiée. Or j'avais laissé tout le matériel adéquat (corde de rappel, broches à glace, etc.) sur le glacier du Diama, après le passage du sérac. Je n'ai choisi cette voie qu'en pensant à Tom, pour laisser une possibilité de secours héliporté et de secours terrestre.

Je pars seule pour plonger dans la voie Kinshofer. Cette fois, je laisse vraiment Tomek. Je ne suis pas rassurée, mais je bouge, je tente la dernière chose que je puisse faire pour qu'on ait une chance de le récupérer et de le sauver.

Il doit être 15 heures. Malgré mes jambes et mon corps qui prennent le chemin du bas, ma tête et mon cœur restent écartelés entre la nécessité de descendre pour rendre possibles les secours et le sentiment d'abandonner Tomek, la douleur de le quitter. Je me réponds alors que ce n'est que pour quelques heures. Je l'ai déjà abandonné ce matin lorsque je suis allée rechercher le camp 4. Je le laisse seul juste quelques heures, avant l'arrivée des secours. Je l'ai bien isolé, il peut résister, mon Tom.

À ce moment, je crois fermement que les hélicos vont arriver et nous récupérer, Tomek, puis moi qui suis engagée désormais dans cette voie de descente inconnue. À cette pensée de pouvoir sauver Tomek, je surmonte mon angoisse. Mais pas ma culpabilité de le laisser seul.

Je ne cesse de repasser dans ma tête tout ce qui s'est passé depuis la veille, l'enchaînement fatal des faits qui nous a conduits à la catastrophe, tout ce concours de circonstances encore incompréhensible. Pourquoi ne sommes-nous pas redescendus lorsque nous étions à quatre-vingt-dix mètres sous le sommet ? Pourquoi avons-nous continué malgré l'heure avancée et la nuit qui venait ? Pourquoi n'avons-nous pas fait demi-tour en arrivant sur l'arête sommitale ? Et pourquoi n'ai-je pas « obligé » Tomek à mettre son masque ? Pourquoi n'avons-nous pas marqué l'emplacement de la crevasse du camp 4 pour y retourner plus facilement ? Pourquoi ne suis-je pas parvenue à retrouver ce bivouac qui m'aurait permis de protéger et d'isoler Tomek ? Et pourquoi sommes-nous revenus sur le Nanga une nouvelle fois ?

La culpabilité me submerge, me noie.

Mais je dois ravaler ces pensées destructrices, refouler mes questions, mes incertitudes. La seule solution pour Tomek viendra des airs. Il n'y en a pas d'autre. Je dois écouter les consignes de Ludo, celles des secours. Au fond de moi, je sais que je dois me rendre à l'altitude demandée, le plus rapidement possible, pour espérer sauver Tom. Et moi-même ? Une partie de moi doute, une autre me rassure. Je sais juste que si je reste ici, je serai avec Tom, je pourrai le protéger, l'aider, le réchauffer, l'accompagner, être présente pour lui. Mais je ne pourrai ni le sauver ni le bouger ni le redescendre. J'ai encore le choix : remonter, rester avec lui et l'accompagner, ou bien écouter Jean-Christophe et Ludo, descendre et ouvrir l'option d'un secours hélico ou terrestre pour Tomek. Si je reste ici, je le condamne. Je nous condamne ? Si je descends, je me condamne dans un futur ou conditionnel qui me fait déjà peur. Je me sens dans un contre-courant infranchissable, en pleine tempête de questions, au bord du naufrage ; depuis de nombreuses heures, ne sachant pas où se trouvent les rivages plus paisibles pour ne pas échouer, me noyer et couler le bateau ! Je voudrais ne pas avoir à décider, ne pas avoir à descendre, ne pas avoir à laisser Tom, ne plus penser, ne pas avoir à m'éloigner de lui, mais cette option n'existe pas. Un secours à 7 280 mètres ? Impossible pour deux personnes.

Je dois aider Tom, ne pas le priver de son unique chance. Ne pas abandonner mon esprit aux tourments. Mais au fond de moi, je ne veux pas le laisser seul ! Ma raison prend le relais, tente de construire le chemin le plus intelligent pour affronter la tempête. Ne pas couler, contourner les difficultés, renforcer le navire. Ne pas lâcher, persévérer, y croire et calmer mon impatience. Je décide, je suis les consignes de Ludo : voie Kinshofer jusqu'au camp 3, altitude 6 800, 6 700 ou 6 600 possible. Sauver Tom et laisser tous ces démons derrière moi. Ce n'est ni simple ni gagné.

Dans ma tête, une litanie, un mantra : « Descendre-secourir Tom-vie… descendre-secourir Tom-vie. Descendre-secourir Tom-vie… »

Je dois descendre le plus vite possible et atteindre l'altitude demandée pour ne pas retarder l'opération de secours qui se met en place pour Tomek. Il ne peut plus bouger. Je ne peux pas le porter sur mon dos. Je ne peux pas non plus le traîner. Je me sens de taille à affronter l'inconnu de la descente. C'est le bon choix. Un choix difficile et que je n'aurais jamais fait sans cet espoir de secours, sans les paroles rassurantes d'Anna, de Jean-Christophe et de Ludo, qui m'a envoyé au moins dix messages pour me convaincre de descendre.

J'éteins l'inReach. Je dois conserver de la batterie. Il faut que je descende le glacier, crevassé, jusqu'à une partie plate. Je longe autant que possible les rochers pour éviter les trous. La pente se fait ensuite moins raide et les crevasses moins nombreuses. Je m'éloigne de l'épaule et dévie à droite. Mon point de mire est une tente rouge abandonnée par une cordée. Je l'avais repérée le soir du 24, et aujourd'hui elle a attiré mon regard plusieurs fois. C'est l'emplacement classique du camp 4 de la voie normale. Après ? Je n'ai aucune idée de l'itinéraire que je pourrai emprunter. La pente plonge en direction du Diama. Je l'ai observée maintes fois du camp de base : le cheminement part en serpentant de gauche à droite dans la partie haute avant d'enchaîner deux ou trois ressauts mixtes entre les pentes. Ces passages devraient passer en désescalade. Le reste, c'est de la pente débonnaire, aux dires des grimpeurs, où la neige s'accumule pendant les fortes chutes de neige. Parfois il faut brasser jusqu'à la taille. Mais cet hiver, il y a eu peu de précipitations et un fort jet-stream de trois semaines a tout balayé.

Je vais vite. Je me surprends même à courir dans ces sections faciles descendantes. Je file rejoindre l'altitude demandée, je veux l'atteindre au plus vite pour sortir Tom de cet enfer. C'est la seule pensée qui occupe mon esprit. J'atteins la tente. Objectif suivant : l'épaule, complètement à droite. Je presse de nouveau le pas, mais ne cours plus. Une rampe traversant à plat me rappelle que je suis encore en haute montagne. J'ai le souffle court. D'anciennes traces marquent le passage. Comment sont-elles encore visibles, comment ont-elles pu résister aux passages du vent, du soleil et de la neige ? La météo a été clémente cette année. Peu de chutes de neige durant l'automne et au début de l'hiver. C'est peut-être pour ça que les cordes ne sont pas prises dans les glaces là-haut. Je fais de ces traces éphémères, qui vont disparaître, s'effacer comme notre passage ici, mon fil conducteur dans ce terrain que je ne connais pas. Une vraie chance dans cette immensité !

C'est une nouvelle étape pour moi. Je dois me souvenir de chacun des détails de cette descente au cas où je devrais remonter. Je ne sais pas ce qui suivra ni comment la vie continuera dans quelques heures. Descendre seule, cheminer sans Tomek est plus qu'étrange. Déroutant. Je me retourne régulièrement pour retracer ma voie, visualiser les endroits caractéristiques, ce gros bloc à gauche, cette pente à droite.

15 h 57. J'allume l'inReach. Message de Ludo : « *envoie moi ta position et par quelle voie tu choisis de descendre. Idéalement 6 700 pour hélico.* » J'envoie mon altitude – 6 981 mètres – et le point GPS. Et j'éteins l'inReach.

Toujours ces traces de vie qui m'indiquent le cheminement à suivre, la bonne direction. Je n'ai qu'un bâton pour descendre. Je le tiens à deux mains, m'appuie dessus et le plante toujours côté pente afin de l'utiliser en point de sécurité. J'aurais dû faire le relais de Tom sur un seul point et garder l'un de mes piolets ! Si je tombe, je ne suis pas sûre que ce seul bâton pourra enrayer ma chute. Mais j'avais si peur que Tom bascule dans le trou de la crevasse. Furieuse pourtant de mon choix, je m'admoneste : « Fais gaffe ! Ralentis le pas ! Concentre-toi ! » Je peste contre moi-même.

16 h 12. « *Les hélicos se préparent. Soit pour aujourd'hui soit pour demain.* »

« *Tu es au top. Stay positive. On essaie envoyer un ce soir avec tente etc. Sinon demain 100 %.* »

Je viens de rallumer l'inReach et découvre ce message de Ludo qui m'effraie : pourquoi parle-t-il de demain ? Je ne comprends pas ce qui coince. Il fait beau ici. Le vent s'est calmé. Un hélico peut bien voler dans ces conditions ! Et c'est bien ce qui m'a été annoncé depuis des heures. Que se passe-t-il ? C'est la première fois que Ludo évoque un décollage demain. Pourquoi maintenant ? Pourquoi ne m'a-t-il rien dit sur le plateau avant que je ne bascule dans la descente ?

Je réponds : « *Je suis sans tente 3nuits rien dormi 24h ni bouffe, ni drink, Tom pire danger.* » La tête martelée de questions, mais encore emplie d'espoir, je continue ma descente jusqu'au camp 3. J'ai confiance en Ludo, je sais qu'il gère au mieux.

16 h 17. Ludo : « *On fait tout notre possible. Tiens le coup encore un peu. te tiens au jus dès qu'il décident.* »

16 h 30. « *Position 6 671 m.* » J'ai atteint l'altitude demandée, et il fait encore jour. Je suis posée sur un caillou et j'attends l'hélico.

Le jour baisse, le ciel vire à l'orange sur les montagnes de l'Afghanistan, le soleil rayonne sur les pentes au-dessous. Je n'ai plus de nouvelles, je me sens fragile et étrangère à la montagne, au monde. Dans l'attente. J'ai du mal à contrôler mes pensées. Je me raccroche à Tomek, lui envoie toute mon énergie et mon espoir, j'étouffe mes doutes au fond de moi. Hier encore montagne chaleureuse et humaine, irradiante de beauté, de chaleur, le Nanga est aujourd'hui devenu froid et hostile. Je prie pour que le temps s'allonge ce soir et que le soleil ne se couche pas.

17 h 48. Ludo de nouveau : « *2 hélicos avec équipe, arrivée prévue demain à 12 h 30. 13 h 15.* » « *Monêtier en arrivant. On t'aime* » Le Monêtier-les-Bains, près de Briançon, là où avec Ludo nous aimons aller nous requinquer après une

ascension épuisante dans les Hautes-Alpes : il cherche à me remonter le moral.

« *tu dois rester C3, il y a DZ.* » DZ pour *dropping zone* : c'est en effet l'un des rares endroits de la voie Kinshofer où l'on trouve une zone plate et terrassée permettant la pose d'un hélico sans filin.

« *Si tu décides autrement dis nous. Courage.* »

Les hélicos ne viendront que demain ? Tout s'écroule une nouvelle fois en moi, c'est un choc supplémentaire, terrible. Il va falloir passer une nouvelle nuit dehors, sur cette montagne ? Mais elle va être atroce, extrême ! Ici, seule et sans équipements ? ou bien avec Tomek dans la crevasse si je parviens à remonter ? Deux options aussi abracadabrantes, aussi périlleuses l'une que l'autre ! Je me sens perdue, abandonnée, hébétée…

J'arrive à bout de patience, j'explose d'incompréhension. Beaucoup en prennent pour leur grade à cet instant. Je vide mon sac. Et me maudis quelques secondes plus tard : « Tu es trop nulle ! Pourquoi tu es descendue ? Pourquoi tu as fait confiance aux autres ? Merde ! » Mon cerveau bout, s'échauffe. La situation est dramatique. Je suis prise au piège, ce piège que je voulais éviter, je m'y suis précipitée !

Le froid est polaire, le vent glacial. Je ne sais plus quoi penser. Je hurle au vent mon désarroi. Priant que ma voix arrive jusqu'à Tom, que ce son suive les volutes et arabesques nuageuses qui me séparent de lui. Que l'écho se faufile dans les plis de l'air, navigue entre les glaces. Je voudrais tant que Tomek m'entende et me réponde ! Mais le son fuit et s'éteint dans le vent. La tempête se lève et tourbillonne sur mon perchoir. Je suis chahutée de droite à gauche, de haut en bas. Je suis perdue, échouée dans un désert de glace, rincée par quarante-huit heures de pure folie.

Comment tout cela a-t-il pu arriver ? Un « détail » a tout fait basculer. Est-ce l'horaire ? La décision prise à 17 heures, à 8 035 mètres d'altitude, de continuer vers le sommet qui a enclenché le problème de vision de Tomek, l'altitude qui a provoqué un œdème, l'exposition à un trop grand froid ? Je l'ignore, mais je regrette cette décision.

Je suis partagée entre la raison – et Ludo qui me commande de rester ici – et l'envie de remonter vers Tomek. Je relis le message. Les hélicos arrivent demain vers midi. Si je remonte jusqu'à Tomek, j'aurai bien le temps de redescendre pour demain midi ? Mais il est tard. Ma frontale n'a plus de piles. Je risque de me perdre. Je veux rejoindre Tom, mais ma conscience me cloue ici. Ludo m'adjure de ne pas remonter. Finalement, je m'en dissuade. Mais un sentiment terrible de culpabilité me submerge de nouveau…

Perdue, amère, désabusée et surtout seule, loin de Tomek. La fatigue et le froid congèlent mes sentiments déjà tronqués par la fatigue. Je dois me protéger, me concentrer, me débrouiller seule. Je ne sais pas comment je vais pouvoir passer la nuit. Je sais qu'elle va être terrible et je prie pour que le temps se réduise et que le soleil se lève rapidement. Que les tourments de la nuit soient les plus courts possible. Encore une belle ironie : en expédition, ce que je recherche et apprécie, c'est justement de prendre le temps, de vivre pleinement, avec mes tripes ! Ce temps qui, en bas, fuit inexorablement entre mes doigts. Je viens ici pour prendre la pleine mesure de la vie, pour évaluer la distance, l'espace avec mes pas, ressentir avec mes seules ressources, mon énergie.

Mais ce soir, le temps me fait peur, m'angoisse. Je sais qu'il va jouer contre moi. Je voudrais le fuir, mais on n'échappe pas au temps. Dans la douleur du froid, dans l'effroi de l'abîme négatif des températures, le temps n'avance plus. Il s'égrène lentement et me plonge dans l'enfer. Je ne peux pas contrôler le désespoir qui m'envahit. Je ne peux me calmer. Je me sens abandonnée, trahie, à bout. Comment va Tomek dans ce gel atroce qui le paralyse petit à petit, et irrémédiablement, depuis de nombreuses heures ?

Je dois polariser mes pensées sur la nuit à venir. Comment y survivre, comment me protéger du vent ? Sur ces cailloux, je vais simplement crever. Je n'ai pas de pelle, je ne peux pas creuser un trou pour m'abriter. Je dois trouver un abri. J'erre à travers ces cailloux, j'explore la zone, mais il n'y a rien. Rien pour me préserver du vent et de la nuit. La glace vive sous mes pieds m'oblige à me reconcentrer sur l'action. Et si j'arrachais un des bouts de corde que j'ai suivies jusqu'ici ? Je ferais un rouleau pour m'isoler de la neige ? Sans piolet, c'est quasiment impossible. Et mon couteau est au camp 4 ! Je continue. J'aperçois un bout de plastique. Ça doit être un reste de tente. Il est minuscule, mais si j'en trouvais un plus gros, je pourrais m'isoler de la glace. J'arrive en fin de corde fixe. Un petit rouleau de corde y est accroché. Je tente de l'arracher. En vain. Je prends un caillou saillant pour cisailler la corde. Je cale le brin contre la paroi. Le vent me gèle aussitôt les doigts. Je peste ! Ces cordes peuvent casser comme du verre : en 2016, sur le Nanga, dans le couloir Kinshofer, Adam Bielecki était arrivé à un relais, avait tiré sur une corde fixe, s'était suspendu et la corde s'était rompue. Il avait fait une chute de soixante mètres. Aujourd'hui, celle-ci me résiste !

Ce bout de tente, ces cordes me disent qu'il y a eu de la vie par ici. En fait, je suis en train d'arriver sur l'emplacement du camp 3. Sous la tour rocheuse, je vois une zone plate : c'est une terrasse pelletée pour l'emplacement d'une tente, une zone de bivouac pour les alpinistes. Mais je n'en vois qu'une. Je ne suis peut-être pas au réel camp 3, mais un peu au-dessus ? Parfois, en Himalaya, pendant la saison, les camps sont saturés. Alors certains alpinistes s'exilent un peu plus haut pour avoir la paix ou bien juste un peu de place. Je continue ma descente. Je dois aller voir s'il ne resterait pas une tente ou un bout de quelque chose pour m'isoler cette nuit. Cent mètres en dessous, plusieurs terrassements confirment mon intuition. Je cherche, un bout de tissu, un pieu, un arceau, le moindre « outil » pour m'isoler du sol glacial, qui sera mon pire ennemi. Rien. Ici la montagne est exceptionnellement propre. Je m'arrête au-dessus d'une terrasse et m'aperçois que le terrain est crevassé. Il faut que j'explore, il y aura forcément une crevasse pour m'accueillir cette nuit. Je pourrai me murer dedans. Plus à gauche, la pente s'accentue, ce qui veut dire plus de cassures, donc plus de chances de trouver un abri.

J'emprunte un terrassement donnant accès à une bouche « accueillante » quelques mètres en contrebas, à 6 770 mètres d'altitude environ. Le terrain est raide et la glace vive. Je désescalade le passage face à la paroi et joue au funambule sur trois mètres de traversée fine et délicate. Ça a l'air fin en dessous. Un pont ? Je m'approche, regarde, teste. C'est bon. Un muret de glace de cinquante centimètres de hauteur isole, à droite du trou béant, une petite terrasse tout en longueur, de soixante, soixante-dix centimètres par un mètre cinquante. Mais je n'aime pas ce que je vois à gauche du muret : un empilement précaire de neige-glace à demi écroulé et qui ne demande que mon poids pour disparaître dans les abysses. Entre les couches de concrétions sculptées, un fond noir s'ouvre sur l'infini. Je pose les deux mains sur le muret de glace bleutée. Et bascule la tête dans la gueule du loup.

Après un pas acrobatique, je me retrouve à l'intérieur, enfin isolée du vent. Je tremble comme une feuille. À genoux, je cale mes mains sous mes aisselles pour faire revenir la circulation. Je contracte mon dos et mes abdos pour l'activer. Mes épaules sont crispées. Je frotte fortement mes mains en opposition sur mes côtes latérales. Et je balance mon corps d'avant en arrière. Je reste un bon moment dans cette position avant que les tremblements daignent me laisser respirer correctement. Je relève la tête, heurte le « plafond », ce qui fait tomber de la neige sur le haut de ma combinaison ; des bribes terminent leur course dans mon cou. Je lance un juron. La neige glaçante s'infiltre dans mes chairs. J'observe alentour, je vais pouvoir m'abriter dans cet espace exigu, m'asseoir et éventuellement m'allonger. À cet instant, je me sens entre deux mondes : l'un glacial, ouvert sur le glacier et l'arête Mazeno ; l'autre pétrifiant, remontant des profondeurs insondables du gouffre ; tous deux prêts à me happer dans mon sommeil. Il faudrait que je reste éveillée toute la nuit, mais je ne vais pas tenir ! Cette crevasse est une passoire.

23 h 06. Ludo : « *Tiens bon la nuit est longue mais finalement très courte par rapport à la vie qui t'attend.* »

Je lis ce message puis coupe mon inReach. Perdue, amère, désabusée et surtout seule, loin de Tomek. La fatigue et le froid congèlent mes sentiments déjà tronqués par la fatigue. Les mots de Ludo ne m'apaisent pas.

Mon esprit revient sans cesse vers Tomek, je ne peux m'en détacher plus de quinze minutes. Seuls les moments où je dois me concentrer sur une action me permettent de m'évader, de ne plus voir son visage ensanglanté. Je suis terrifiée par ce qu'il vit, par notre situation. Hier, je pensais avoir passé la nuit la plus terrible. Ce soir, je dois, nous devons recommencer. Comment en suis-je arrivée là ? Pourquoi Ludo m'a-t-il demandé de descendre s'il n'était pas sûr de l'arrivée des secours ? Et qu'est-ce qui bloque ces secours ? L'altitude ? L'argent ? Je ne comprends pas.

Je pense à Ludo et mon cœur s'adoucit : il doit être dans un état terrible de désespoir lui aussi. Et mon Jean-Jean ! Ne t'inquiète pas, mon amour, ça va aller.

Un flot de pensées me traverse l'esprit, une nuée de frissons me parcourt le dos. Je suis vidée, défoncée par la fatigue. Il faut que je m'allonge. Je me souviens que j'ai les drapeaux de mes sponsors dans la poche extérieure de ma combinaison. Je les récupère pour m'isoler : je place d'abord mon bâton sur la couche de neige puis j'étale les bannières dessus. Assise, j'ai des fourmis dans les jambes, les fesses gelées et le dos brisé par les contractions et la position voûtée que m'impose l'espace exigu. Il faut que je détende mon dos et mes jambes. Je pivote doucement sur moi-même pour ne pas rayer le plafond et récupérer les stalactites. Je positionne ma tête côté sortie, mes pieds en bout de rampe, dos aux profondeurs et face à la paroi neigeuse moutonnée de fines concrétions neigeuses, délicatement déposées par le vent. La montagne a cette capacité de façonner des œuvres artistiques naturellement et de les remodeler au fil du temps.

Je tremble pendant plus de deux heures, peut-être trois, peut-être quatre. Secouée de longs et violents frissons à intervalles réguliers. Puis ils cessent et je sens que mon corps a enfin terminé son combat contre le froid. Je ne sais pas comment c'est possible, mais j'arrive à ne plus trembler et à me sentir à peu près bien. Les températures sont polaires dehors. Ici, je ne sais pas et préfère ne pas savoir. Je me mets en appui sur mes mains et enclenche une rotation à 180 degrés. Mes genoux suivent le mouvement en se posant sur le sol. Et je finis en appui latéral opposé. Je recroqueville mes genoux près de mon corps, en position fœtale pour ne pas perdre de chaleur. Ce changement de côté allège ma circulation qui se comprimait côté droit, mais le côté gauche est rapidement gelé et diffuse le froid dans tout mon corps. Le carcan de froidure m'enserre. Je recule mon dos contre la paroi de neige comme si le mur de glace pouvait me réchauffer, m'envelopper dans ses bras, me défendre du froid qui me harcèle sans état d'âme.

La neige qui volette, arrachée aux profondeurs du glacier, est si froide, si fine qu'elle s'infiltre partout, me glaçant un peu plus. Mais elle m'empêche aussi de sombrer dans le sommeil qui me tiraille. Je suis épuisée. Mon corps lutte pour se réchauffer, ma tête pour ne pas dormir. Le vent court sur mes yeux et m'arrose de particules de neige. Il me glace le cou. Je suis prise entre deux masses froides, attaquée de toutes parts, l'une remontant des profondeurs du glacier, soufflant toute son âpre froideur glaciale, l'autre sibérienne, descendant du Nanga et s'engouffrant dans les nombreuses fuites de mon toit. Je grelotte. Des frissons remontent mon échine, de plus en plus fort, de plus en vite, de plus en plus violemment. Je ne veux pas dormir et je ne le peux pas, heureusement. Je suis explosée. Ma tête rêve de se reposer, de débrayer l'espace d'un petit somme. La nuit est extrêmement ventée. Je me fais du souci pour Tom plus haut. C'est tellement dur ici.

Je lutte contre le froid. Je lutte contre mes idées noires. Le froid me maintient éveillée, mais je tremble comme une feuille. Mon esprit part vers Jean-Christophe. Je pense à lui très fort.

J'ai dû m'endormir. Je ne frissonne plus. Mon corps s'est décrispé. J'ai rêvé de chaleur, de thé chaud, d'une vieille dame qui me l'apportait et me réclamait, en échange, mes chaussures.

Je me relève, m'assois. De nouveau, ma tête heurte le plafond : pluie de neige glaçante. Je subis. Ce sale rêve m'a réchauffée, mais m'aspire aussi vers un abîme de songes, je n'arrive pas vraiment à me réveiller. J'ai très froid aux pieds, c'est que je suis encore en vie. Le feuillet d'aluminium enroulé autour de chaque pied le matin du 25 me gêne depuis plus de quarante-huit heures et génère une sensation de froid au lieu de m'isoler. Je dois l'enlever. Je suis à demi ensommeillée, plongée dans ce rêve qui me poursuit. Qui est cette vieille dame ? J'ai l'impression de la connaître. Son visage me rappelle une pub sur des pots de yaourt, mais aussi le visage d'un tableau de Vermeer qu'on avait étudié dans un cours d'arts plastiques au collège. L'effort est surhumain et je ne parviens à enlever la couche d'aluminium que sur un pied. Je remets mes chaussettes, ma chaussure est gelée, glaçante. Je l'enlève, je suis mieux sans, j'ai moins froid. Je la pose à côté. Je n'arrive pas à retirer l'autre chaussure pour ôter la feuille d'alu. Je me rallonge. Me rendors puis me réveille de nouveau avec la neige qui me glace le visage. Je m'active pour la débarrasser au plus vite. Dehors, il y a ce vent en rafales qui soulève la neige et déverse une pluie blanche sur ma tête, agglutinant un masque glacial au fil de la nuit.

Rêve éveillé, fatigue extrême, épuisement : cela m'était arrivé aussi en raid, lors des championnats du monde de 2012. À l'époque, au sein de la Team Lafuma, nous enchaînions les compétitions françaises, européennes, mondiales.

Ce jour-là, nous en étions à cent vingt heures de course non-stop. J'avançais en rêvant et en parlant, mais mon cerveau était sur *off* ! J'étais sur une tyrolienne et je demandais à mes coéquipiers : comment fait-on avec nos vélos ? Un rêve farfelu ! Ils m'avaient réveillée en se moquant gentiment. Mais tous avaient ensuite vécu la même chose à un moment ou à un autre : une phase de sommeil paradoxal où le cerveau fatigué et privé de sommeil depuis trop longtemps rêve tandis que le corps bouge, avance. Le raid m'a énormément appris sur la gestion de l'effort, sur les capacités du corps et du cerveau à faire face.

Quand je lève la tête vers le ciel, je peux voir les étoiles dans le damier de glace sculpté par le vent. La crevasse me renvoie un miroir au cœur du grand froid. Le miroir de la vie, de ma vie. J'ai l'impression d'avoir déjà dormi ici, de m'y être déjà éveillée. Cette pensée m'apaise. L'innocence de la nuit me protège, la neige m'enveloppe dans son drap blanc. Mon esprit glisse dans les profondeurs de la crevasse.

Je suis partie loin cette nuit-là. Dans un monde de songes. Pour retrouver Tom. J'aurais pu m'éclipser de ce monde avec lui. Mais ce n'était pas ma destinée. Peu de temps après mon retour, un psy à qui je parlais – des flots de larmes dévalaient sur mes joues sans que je parvienne à fermer les vannes – m'a dit :

« Vous avez vu votre propre mort cette nuit-là. Et vous avez vu de vos yeux celle de Tom la veille. Ne vous excusez pas d'être en vie, Élisabeth. Ne vous excusez pas d'avoir survécu. Tomek n'aurait jamais voulu que vous vous condamniez pour lui. »

Des mois plus tard, je n'y parviens pas plus. Je reste enfermée dans un labyrinthe de questions sans réponse, avec des journées où je me maudis, où je suis totalement désorientée, vide de tout. Incapable de penser à l'avenir, ruminant sans fin le passé. Le temps est figé et ne s'étire plus. Le temps m'aspire dans le vide et je ne veux plus réagir. Le temps n'est que souffrance. Je tourne en boucle dans ma colère. Comme l'eau du torrent, mes souvenirs m'érodent, m'usent.

Il a fallu un an pour que l'étau se desserre peu à peu, que je recommence à dormir, à grimper, à faire du vélo, à courir, sans revoir sans cesse les mêmes images ni éprouver le même désespoir.

## *27 janvier 2018,*
## *3 ou 4 heures du matin*

Je me réveille en sursaut ! Mon pied ! Ma chaussure ! Je suis en chaussettes ! Ma chaussure gauche n'est plus à côté de moi sur ma petite vire neigeuse. Elle a dû tomber au fond de la crevasse. Comment la récupérer ? Je n'y vois rien, les piles de ma frontale sont vides. Je suis vraiment trop nulle ! Je me suis endormie, j'ai dû bouger et la balancer au fond de ce congélateur au souffle glacial. J'ai envie de pisser, mais je suis allongée sur un fin pont de neige au bord du gouffre. L'espace réduit ne me permet pas d'enlever ma combinaison. Je me déplace jusqu'à la sortie de la crevasse, seul endroit moins exigu. Je défais ma combinaison, j'essaie de me stabiliser accroupie, mais reste en déséquilibre pour ne pas poser mon pied gauche sur la glace. J'appuie les mains sur la lèvre extérieure de la crevasse. Je pisse tant bien que mal. J'arrose ma chaussette, je peste. Puis je m'astreins à réenfiler tous mes vêtements avec soin.

Je place mon pied dans le bas de ma combinaison pour le protéger. Je me recroqueville comme une enfant, redoutant que la nuit me cogne encore dans le linceul de glace de la crevasse. J'ai tellement hâte d'en finir avec cette nuit, de sortir de cet enfer givré.

Ma chaussette est humide et bien vite la combinaison glisse, mon pied reste à l'air. Mais je suis trop épuisée pour réagir.

Je rallume l'inReach. Je trouve plusieurs messages de Ludo.

À 2 heures : « *Si tu lis ces mots force toi d'y répondre. Ne te laisse pas aller au froid. Tiens bon.* »

3 h 32 : « *Urubko fait partie des secours. 6 personnes. 2 hélicos.* »

Je préfère ne pas répondre, il faut que j'épargne mes doigts. J'espère l'aube, je somnole. Tout d'un coup, je me retrouve dans ma chambre d'enfant dans la maison de mes parents. Chaque soir mon regard se posait sur l'Everest, enfin sur le poster de la face sud-ouest au-dessus de mon lit. Dessous, il y avait un verset biblique : « Je me couche et je m'endors en paix, car toi seul, ô Éternel, tu me donnes la sécurité dans ma demeure. » Un verset réconfortant, pour moi qui avais toujours peur la nuit. J'étais émerveillée par le monde d'en haut. Je demandais souvent à mes parents comment faisaient les alpinistes pour grimper jusqu'aux neiges éternelles. Ils me répondaient : tu verras quand tu seras grande !

Nous allions souvent randonner en montagne : j'avais 4 ans quand mes parents nous ont emmenés au refuge du Glacier blanc, dans le Briançonnais, au cœur des Écrins. Avec mon frère, mon aîné de deux ans, nous avions fait la montée tout seuls, comme des grands, sans broncher. Moi, je voulais toujours aller plus haut. À la maison, je passais mon temps perchée en haut du tilleul, avec mon frère ou dans les arbres au bord de la Lozière, le petit ruisseau voisin. Je rêvais de montagnes, je parcourais les cartes IGN et les livres d'alpinisme, je contemplais des photos. Le monde d'en haut m'intriguait toujours plus, comme un interdit qui questionne, un souffle d'inconnu. Je voulais explorer, dessiner mes propres images sur ces crêtes. C'est là en réalité qu'ont débuté ma vie d'alpiniste et mes expéditions, là dans mes rêveries, mon imagination, mon désir. Je ne sais plus dire comment j'ai atterri sur le Nanga cet hiver, mais c'est dans ces années que tout a commencé.

À 13 ans, je travaillais dans les champs avec mon frère pendant les grandes vacances. C'était à dix kilomètres de chez nous. Je n'avais pas l'âge légal pour travailler, mais je voulais éprouver ma vie de mes propres mains et gagner un peu d'argent à « la sueur de mon front ».

Nous étions les plus jeunes, mais aussi parmi les plus rapides, les plus sérieux. Mes parents nous répétaient sans cesse : « Quand tu fais quelque chose, tu le fais bien. » En milieu de saison, nos patrons nous ont proposé de continuer et nous ont même promus ! Nous avons été chargés du calibrage des aulx puis de la castration du maïs. Nous nous rendions au boulot à vélo. Le soir, à la route directe, nous préférions le passage d'un petit col en VTT, histoire de gorger d'air nos poumons. J'ai travaillé ainsi dans les champs chaque été jusqu'à l'âge de 20 ans. Je suis passée ensuite à la cueillette des abricots, cela me changeait des champs de poussière et épargnait mon dos !

ANVIER 2013

Au début de l'éperon Mummery 5 600 mètres.

Dans l'éperon Mummery, montée vers 6 000 mètres dans des conditions venteuses mais à l'abri des dangers objectifs.

Dans l'éperon Mummery, au-delà de 6 200 mètres en direction du plateau Bazin.

Daniele Nardi dans l'éperon Mummery à 6 300 mètres en direction du plateau Bazin.

## JANVIER 2015

6 500 mètres sur le glacier du Diama. Tomek portant une lourde charge lors de notre périple de huit jours en autonomie. Tom est une force de la nature.

## JANVIER 2016

Sur le glacier du Diama vers 6 200 mètres d'altitude pour un coucher de soleil dont je me souviendrai toute ma vie avec Tomek.

À Chilas lors de mes balades vers l'Indus en attendant les formalités administratives.

Le Nanga de notre camp de base cette année à Kotogali.

Au col permettant l'accès de la vallée du Diamir au glacier du Diama. À partir de là, nous n'avons plus de contact *de visu* avec le camp de base. L'itinéraire est engagé et loin de tout. Tom sur la photo.

Passage du sérac à 6 200 mètres qui donne accès aux pentes et au glacier supérieur du Diama.

Passage du sérac 6 200 mètres.
Tomek sur la photo.
Vue sur le pic Ganalo.

Bivouac à 6 600 mètres
sur le glacier du Diama.
Vue sur l'Hindu Kush
derrière et l'Afghanistan.

Coucher de soleil sur le Nanga, juste avant la longue période de jet-stream de trois semaines.

À 6 900 mètres le 23 janvier 2018. Heureux d'avoir pu avancer dans l'après-midi cette journée-là, après toute la période de vents violents de janvier et plus de quarante heures passées dans la tente à 6 600 mètres chahutés par de violentes bourrasques.

Lever du soleil à 7 300 mètres. Mais nous ne partons pas tout de suite : Tomek a trop froid aux pieds pour avancer. Nous retournons dans la tente pour allumer le réchaud et rechauffer chaussures, semelles et pieds de Tomek avant de partir pour le sommet. 24 janvier 2018.

Dans la traversée entre le glacier du Diama et le glacier entre le camp 3 et le camp 4 le 24 janvier 2018 à 7 200 mètres. Éli sur la photo.

Bivouac dans la crevasse
la nuit du 24 au 25 janvier 2018
à 7 350 mètres.

Dernière image
du 25 janvier 2018
avant la montée au sommet.
Il est 17 h 15. L'inReach
indique que nous sommes
à 8 036 mètres.

Départ réel de notre
bivouac dans
l'une des crevasses
du plateau à 7 350 mètres
le 25 janvier 2018.
Il fait très froid dès
les premiers pas.
Moi en selfie et Tom
qui part doucement
le matin.

Bivouac de fortune
à 6 800 mètres
le 27 janvier 2018 au matin,
après une nuit miraculeuse.
Dans l'attente du secours
pour Tomek.

Avec Adam dans le mur Kinshofer le 28 janvier 2018. Un joyeux foutoir de Nylon dans une voie normale pourtant peu équipée depuis 2013. Ces fameuses cordes… Denis prend la photo.

Merci, Tomek, d'avoir été ce que tu as été.

Toutes les photos sont : Collection Elisabeth Revol

En parallèle de la compétition de gymnastique, chaque week-end, je randonnais avec mes parents dans les massifs des Écrins, du Queyras, du Vercors ou du Dévoluy. Nous partions parfois à 3 heures du matin. Là, j'entrais dans la contemplation, l'émerveillement face à cette nature resplendissante, changeante, jouant avec mon frère, riant de tout et de rien, dans l'innocence de notre jeunesse. J'en redemandais toujours, n'étais jamais fatiguée. Plus c'était raide, plus j'aimais. Plus c'était haut, plus ça me fascinait.

Le dimanche, nous allions prier à l'église avec ma maman. Nous étions croyants et pratiquants. Juste avant ma naissance, ma mère avait appris qu'elle avait un cancer. J'avais deux mois quand elle a entamé une radiothérapie lourde. Mon papa travaillait et devait s'occuper aussi de mon frère qui avait tout juste 2 ans. Pendant toute ma première année, j'ai été gardée par ma tante.

Informée et influencée par deux de ses frères – Amédée, qui travaillait à l'Institut Pasteur de Paris et avait éliminé de son alimentation tout ce qui était industriel, et François, qui cultivait et mangeait bio –, ma mère a adopté l'instinctothérapie pendant sa maladie, puis une pratique alimentaire crudivore, alternant des monodiètes de fruits et de légumes. Une période douloureuse, mais au bout d'un an, le cancer était en rémission. Sur le conseil de naturopathes, mes parents ont alors commencé à randonner. Nous passions tous nos étés à Puy Aillaud, un hameau des Hautes-Alpes, près de Vallouise et de Pelvoux, et c'est là que s'est ancré en moi le goût de la nature, de l'effort, là encore que j'ai découvert les odeurs de fourrage, les prairies fleuries de gentianes, les lacs d'altitude, le panorama des sommets, le massif des Écrins, autant de beautés et de plaisirs dont je ne me suis jamais lassée et que je retrouve dès que possible.

Le cancer de ma mère et son traitement ont eu aussi des répercussions sur notre mode alimentaire. Nous mangions bio à la maison, ce qui à l'époque était exceptionnel et créait un décalage avec notre environnement de vie proche, que ce soit à l'école pour nous ou dans le contexte professionnel pour mes parents.

Nous avions un jardin pour nous approvisionner en légumes, une chèvre pour le lait et les fromages, des poules et des lapins. Notre régime alimentaire était très sain. Mes parents disaient toujours : « On est ce que l'on mange. »

Chaque jour qui passe, je sens à quel point tout ce qu'ils m'ont transmis, ces bases simples et saines, m'aide dans ma vie d'adulte.

Je ne peux plus remercier ma maman pour cela. Elle est décédée le 27 août 1995 d'un deuxième cancer. Moins d'un an après l'annonce de cette récidive, rongée par la maladie, elle nous a quittés. C'est une période terrible de ma vie.

8 h 38. Nouveau message de Ludo. « *donne des nouvelles stp les secours vont partir. Courage sœurette.* »

8 h 53. Je lui réponds : « *Me suis gelé 5 orteils sur pied gauche ce du bois. foque je voi urgent cauchy*[1]. »

Ludo : « *Tu as quoi avec toi ?* »

« *Rien.* »

9 heures. Ludo. « *J'organise avec Cauchy. On est tous avec toi.* »

9 h 57. Ludo : « *les secours sont en cours. tiens le coup* »

---

1. Emmanuel Cauchy, médecin urgentiste et guide de haute montagne, spécialiste des pathologies du grand froid, fondateur de l'Institut de formation et de recherche en médecine de montagne (Ifremmont) à Chamonix. Le « Dr Vertical » a été emporté par une avalanche au-dessus de Chamonix le 2 avril 2018.

10 h 08. Ludo : « *les secours ont déjà récup équipe de secours au K2. Attend visibilité pour déco vers nanga* »

Le soleil liche le bord de la crevasse. Je décide de sortir de mon trou. Il faut d'abord que je récupère ma chaussure. Je descends le cône de neige. Désescalade un fin goulet de glace sur trois mètres, les bras en opposition sur le mur blanc. Avec mon crampon droit, je taille des marches pour poser mon pied en chaussette. Mais je ne vois rien : ma chaussure a dû rejoindre les profondeurs insondables de la crevasse ! J'abandonne, remonte.

J'attends. J'ai froid, j'ai soif et pourtant il me suffit de tendre la langue pour boire des particules d'eau gelée tout autour de mon visage. Le visage givré, les paupières glacées, la gorge sèche et en feu, je retire de mes cils les cristaux de glace qui obstruent ma vision. Cette crevasse est trop hostile, je rêve de soleil. Il doit y avoir une solution ! Bouge-toi au lieu de subir ! Je dois retenter, aller un peu plus bas dans la crevasse, chercher, explorer. Je redescends, me concentre, j'atteins une accumulation de neige. J'hésite à avancer tant le terrain ne m'inspire pas confiance. Mais au bout de quelques mètres, j'aperçois ma chaussure, plantée dans la neige par la pointe avant du crampon. Je creuse des marches jusque-là, la saisis. Un trou béant se profile devant moi. Quelle chance que mon crampon se soit planté ainsi ! Je remonte dans le cône de glace. Sur la petite vire neigeuse, je vide la neige qui emplit ma chaussure, l'enfile. Crampons aux pieds, je m'extrais de ce congélateur. Enfin dehors ! Je m'allonge sur la terrasse, me laisse envahir par la relative chaleur, le soleil caresse mon visage. Un moment de douceur, le premier depuis que j'ai plongé dans l'enfer glacial.

J'ai extrêmement soif. Il faut que je m'hydrate. Je n'ai rien bu depuis deux nuits et trois jours. Ni mangé non plus, mais la faim, je l'ai oubliée ; seule la soif se manifeste. Et je dois y remédier : à cette altitude, il faut boire au moins un litre et demi d'eau par jour pour combattre les effets de la déshydratation. Je ne sais pas comment mon corps a pu surmonter les températures glaciales, le manque d'eau, d'énergie. Mon organisme est sur la corde, mon corps à bout, je le sais, mais il me semble que ma volonté de sortir de cette situation décuple mes forces. Ce qui me tient, mentalement durant ces heures d'attente, c'est l'espoir des secours, les échanges avec Ludo, ces petites lumières de vie. Je sais qu'une retraite par le bas de cette voie est impossible. Je garde mon énergie au cas où je devrais remonter, j'ai encore cette option dans la tête en ultime recours. Je subis le déroulé des secours, calmement, sous l'effet d'un relâchement venant de je ne sais où. Le soleil panse mes plaies du moment, m'apaise.

La neige et la glace autour représentent une quantité importante d'eau, mais je ne peux en absorber qu'une partie infime. La glace blesse ma bouche, se colle à ma langue ou à ma bouche à cause du froid extrême. Quand c'est trop froid, je dois retirer le glaçon collé sur les muqueuses. J'arrache au passage un bout de peau, de chair ou de langue. C'est douloureux. Se réhydrater avec la neige est difficile : j'ai l'impression de ne faire que mouiller plus encore mes gants gelés en récupérant la glace et de me blesser la bouche et les lèvres.

Au retour, j'ai compris qu'avoir échangé essentiellement avec Ludo était la meilleure solution. Il a réussi à trouver les mots justes, quand psychologiquement j'étais prête à craquer sous l'effet du désespoir ou du relâchement, ou que je déversais ma colère.

Si aujourd'hui je suis là, c'est qu'il a géré ce secours de main de maître.

Si j'avais trop échangé avec Jean-Christophe, l'émotion m'aurait débordée, troublée, fait sombrer.

10 h 30. Ludo. « *baudrier sur toi ? mousqueton double à vis ? tout est prêt ils attende visibilité de leur côté* »

Je réponds aussitôt : « *Mais la visibilité est bonne !!!* » Je ne comprends pas.

10 h 48. Ludo : « *toujours en attente visibilité* » « *yan*[1] annonce fog a 15 mais nuit claire, donc ça devrait se dégager »

Mon regard revient toujours sur le glacier au-dessus de moi, là où est allongé Tomek. J'ai si peur pour lui. Le vent polaire balaye mon visage, emportant mes prières jusqu'à lui.

Je ne comprends toujours pas la situation. Je m'interroge sur cette décision qu'on m'a imposée en me disant qu'il fallait que je descende pour que les hélicos puissent secourir Tomek. Je vois avec un frémissement de peur le ciel s'assombrir, le temps se dégrader rapidement là-haut, à l'altitude où est bloqué

1. Yan Giezendanner, météorologue-routeur à Chamonix

Tomek. Je reste une éternité les yeux rivés sur les nuages qui balayent le plateau de plus en plus vite. Je suis atterrée. Impuissante. Ma gorge se serre. Je ne peux assimiler la vérité, la réalité que je subis. Je me sens affreusement responsable, coupable. Pourquoi ai-je écouté Ludo et toute la team secours ? Je devrais être avec Tomek en ce moment, je devrais l'aider, le protéger.

La cruauté de tout cela me submerge.

Nous avons mobilisé toutes nos pensées, toute notre énergie, toutes nos forces et nos ressources pour essayer de survivre dans la froideur inhumaine de la première nuit. Puis j'ai cru qu'une aide extérieure pourrait sauver et arracher Tomek à son destin tragique, en le sortant de ce piège. Quelle présomption !

Le souvenir de ce que nous avons vécu ces derniers jours m'assaille, me tourmente, m'accable. Et les terribles événements des deux nuits passées et de la journée dernière tournent en boucle dans ma tête. L'image du visage de Tomek meurtri par le froid m'anéantit. Je suis dans une solitude à la fois dévastatrice et réconfortante. Je suis en sécurité sur ma terrasse, mais résignée, fatiguée et affaiblie par tout ce temps d'attente en haute altitude. J'ai froid et je n'arrive pas à me réchauffer, entre manque de nourriture, vent, épuisement, soif. Je passe la journée à espérer heure après heure. La fatigue aussi physique que mentale me gagne. Je ne pense à rien, je veux juste être au calme, au chaud, sortir de là. Épuisée, je voudrais m'endormir et me réveiller avec le bruit des rotors. Qu'on sauve Tom là-haut et qu'on me récupère ensuite. Mon Dieu, on a besoin d'aide ! Une corde ! Du matériel pour nous protéger du froid. Un espoir qui me tient en haleine et qui a occupé mon esprit, mais un espoir vain, je m'en rends compte petit à petit.

J'éprouve une soif terrible.

11 h 53. Ludo : « *on pousse pour qu'il décolle on ne maîtrise pas. Tu as du vent ?* »

11 h 57. Éli : « *vent nickel ms plus bcp de tps avant nuage* »

12 h 06. Ludo : « *on pousse, on pousse, ils vont partir* » « *on est dessus tiens bon sœurette. On te laisse pas on étudie tout.* »

Comment ai-je pu m'exposer à tant de risques avec Tom ? Tous les protocoles de sécurité que nous avions élaborés se sont effondrés comme autant de châteaux de cartes ! Je ne cesse de repasser dans ma tête l'enchaînement des faits qui a tout fait capoter et la question, lancinante, de ma responsabilité vis-à-vis de Tom, de sa femme, de ses enfants, de Jean-Christophe, de ma famille me torture. Ma vie contrôlée m'a échappé. Pourquoi tous ces risques ? Pourquoi nous être exposés ainsi ? Pourquoi aller là-haut, y retourner sans cesse ? Cette question qu'on me pose souvent, aujourd'hui, c'est moi qui la hurle. Que faisons-nous encore ici, Tom et moi, cette année ? Sommes-nous restés accrochés à un rêve passé, désormais révolu ? Sommes-nous revenus pour achever notre rêve d'hivernale sur cette montagne ?

Pour Tomek, c'est clair : cette année, il voulait une revanche sur « l'échec » de 2016, un baume sur la blessure de son sommet « ravi », sur les propos humiliants et blessants qu'il avait encaissés. Tomek ne croit pas au scénario de la première hivernale en 2016, il reste même obnubilé par la recherche des preuves de ce non-sommet. Je lui ai pourtant dit qu'il me saoulait avec cette obsession et qu'il devait cesser de rabâcher ses rancœurs. Cette année, il est venu chercher « sa » première : il voulait même grimper au sommet en hiver, en pur style alpin et par la voie Buhl ! La voie ouverte par l'Autrichien Hermann Buhl à l'été 1953. Un défi fou en hiver, me semble-t-il, l'exposition au vent y est bien trop importante. En 2015, nous étions parvenus avec Tomek au pied de l'arête finale Buhl. À l'époque, je ne connaissais pas encore bien les conditions d'ascension au-delà de 7 000 mètres, mais j'étais redescendue avec la certitude que cette voie était très esthétique, mais qu'elle était bien trop exposée, trop longue pour être abordée en hiver.

Moi, je voulais réaliser une traversée à 7 200 mètres, reliant le glacier du Diama au plateau Bazin et terminer humblement par la pyramide sommitale de la voie classique d'ascension, la Kinshofer, dont la première a été faite à l'été 1962 par une cordée autrichienne.

Nous avions donc envisagé d'installer notre dernier camp commun à 7 200-7 400 mètres d'altitude, puis de nous séparer pour partir chacun sur notre voie. Mais ça ne me convenait pas : trop irréaliste, trop risqué !

Si Tomek allait seul sur la voie Buhl, cela pouvait vite mal tourner. Il fantasmait sur cette voie depuis 2015. Il était confiant alors que moi je trouvais son projet démesuré, surdimensionné. Que voulait-il donc prouver au monde ? À l'hiver 2013, Tomek avait passé vingt et une nuits seul sur cette montagne. Je pense que personne n'est resté aussi longtemps à 7 200 mètres d'altitude en plein hiver himalayen ! Tomek est une force de la nature, il est très fort, physiquement et mentalement, au point de me sembler invincible, d'une résistance inoxydable. Alors, quel besoin de s'engager dans la voie Buhl ? Finalement, je l'avais convaincu d'emprunter la voie du Diamir et nous avions décidé d'aller au sommet ensemble. Notre lien de cordée s'était restructuré dans ce projet plus simple, plus solidaire : grimper ensemble, atteindre le sommet et descendre ensemble.

Et moi ? Qu'est-ce que je suis venue chercher ici une nouvelle fois ? Ce qui est sûr, c'est que je ne viens pas chercher la première. Elle a été attribuée et c'est tant mieux, car j'ai pu ainsi revenir sur le Nanga en paix, sans pression. L'expédition de 2016 avait entamé mon équilibre : je me sentais engagée contre mon gré dans une course, une rivalité qui me dépassait, et j'avais mal digéré ces tensions sur la montagne ou au camp de base. Finalement, ne pas parvenir au sommet cette année-là était la meilleure chose qui pouvait m'arriver, en me permettant de me recentrer sur mon objectif personnel et premier : grimper le Nanga en hiver, en style alpin, par mes propres moyens !

Je regrette la façon dont Tom a vécu l'histoire avec Simone Moro... La polémique, les propos blessants échangés, les coups bas qui interrogent ma vision du milieu de l'alpinisme, me déçoivent, m'éloignent.

Alors, qu'est-ce que je veux vraiment ? Terminer mon projet, répondre à toutes mes questions sur la capacité du corps et de la tête à plus de 8 000 mètres d'altitude en hiver ? Oui. Mais aussi écouter la petite voix au fond de moi qui a toujours peur de regretter si je ne termine pas ce projet ? Oui. Y retourner, c'était me placer au bon endroit et, pour janvier 2018, je ne souhaitais qu'être sur un 8 000 mètres en hiver et nulle part ailleurs !

Bref cette année, l'objectif pour moi était de grimper la montagne en suivant ma propre route, ma motivation, en adéquation avec la ligne directrice de mes débuts. Rivalisant avec mes envies, mes règles, plutôt qu'en quête de premières et de records. Sans forcément renoncer à la performance, mais avec mes propres perceptions et aspirations du moment.

Je scrute le ciel, il est midi trente. Pourquoi les secours n'arrivent-ils pas ?

Et pourquoi ai-je eu besoin de revenir une quatrième fois – une fois de trop ? – sur ce sommet ? Pourquoi ces hauts sommets qui peuvent être si hostiles m'aimantent ainsi ?

Dans les mois et années qui ont suivi le décès de ma mère, la montagne a été mon refuge. Faute d'amour maternel, je m'apaisais dans les volutes d'amour verdoyantes de la nature ou dans la blancheur des neiges éternelles, proche du rayonnement solaire, du ciel ! Avec mon père et mon frère, c'était notre coin de paradis. Je me souviens d'une lettre laissée à ma maman par son père : « Rappelle-toi bien ceci, mon enfant : si jamais tu as du chagrin, va dans la forêt et marche en ouvrant grand les yeux pour regarder autour de toi. Car dans chaque arbre, dans chaque buisson, dans chaque animal, dans chaque fleur, tu trouveras la présence et la puissance divines. Ainsi tu seras consolée et tu oublieras tes tourments. »

En 2009, je suis revenue seule de l'Annapurna, après avoir désespérément cherché Martin Minarik, mon compagnon de cordée tchèque, dans une tempête de neige des heures durant. Au retour, j'ai tout arrêté. Je ne voulais plus entendre parler de montagne. J'avais trop souffert. J'avais trop de questions en moi et aucune réponse. Je ne voulais plus être responsable de quelqu'un. Je ne voulais plus décider. J'étouffais, je me répétais que nous aurions dû faire demi-tour avant, que nous avions continué trop loin, etc. Mais qui est responsable ? Nous étions deux là-haut à décider, deux à évaluer le risque, le mesurer, deux à nous connaître parfaitement en altitude, deux adultes responsables de nos actes vis-à-vis de nos proches et deux à en assumer les conséquences. Mais je suis redescendue seule.

Durant quatre ans, j'ai cessé les expéditions, me suis jetée à corps perdu dans le raid aventure. Une période intense, pour comprendre et oublier l'Annapurna, pour faire le point sur cette flamme qui m'attirait en Himalaya, mais aussi pour découvrir un nouveau milieu, une nouvelle activité. Une vie joyeuse avec mes équipiers de la Team Lafuma.

Mais une vie sans montagne, sans la haute altitude est aussi peu imaginable pour moi qu'une vie sans mon mari.

Là-haut, je suis chez moi, je vis des expériences singulières, magiques, complexes à décrire et à partager au retour. Ce que j'éprouve relève d'une alchimie mystérieuse sur laquelle je peine à mettre des mots. Par exemple, lorsque je me suis retrouvée seule au sommet du Pequeño Alpamayo en Bolivie en 2006 ou du Lhotse au Népal en 2017, l'émotion qui s'est emparée de moi m'a déroutée : au-dessus du monde, seule et en osmose avec la nature. Mon regard se posait sur des sommets prestigieux dont j'avais rêvé depuis des années. J'en criais de joie face au vent, j'envoyais des mercis aux cieux pour ces moments uniques d'intensité et de bonheur. Plus rien ne comptait alors, juste le plaisir qui imprégnait toutes mes fibres. Ces deux ascensions restent uniques pour moi, comme le chef-d'œuvre de ma quête intime. En Bolivie, en 2006, je dépassais pour la première fois la hauteur du mont Blanc et gravissais mon premier 5 000. Au Lhotse, au printemps 2017, je dépassais enfin les 8 500 mètres d'altitude et ce fut comme un apogée dans ma vie : des années de rêves, d'amour pour les hauteurs, enfin consacrées dans une harmonie qui me ravissait. C'est une partie de ce qui me fait vivre et me rend vivante, une partie de ce qui me fascine dans la vie : la beauté de la nature et du monde. J'étais seule au sommet, mais aussi portée par des êtres chers de ma vie passée et présente.

En 2008, lors de mon deuxième séjour en Himalaya, j'ai découvert le pays de l'oxygène rare sur le glacier du Baltoro, au Pakistan. J'ai dépassé l'altitude symbolique des 8 000, parmi les plus hauts sommets de la Terre, le rêve de tout alpiniste. Je gravissais les montagnes impossibles de mon enfance. Depuis, mon cœur reste aimanté par ces très hauts sommets où j'ai vécu des moments magiques, accédé à une joie et à un état de contemplation difficiles à décrire et à partager. Mon corps s'adapte bien à cet environnement : du sommet du Gasherbrum 1, par exemple, j'avais appelé mon mari. Il avait cru que j'étais déjà de retour au camp de base tant je parlais normalement, avec mon débit rapide et saccadé habituel, comme si le manque d'oxygène ne me gênait pas !

On m'a souvent reproché d'ailleurs de raconter de manière trop simple mes ascensions. Mes récits de montagne ont parfois étonné par leur côté « évident » qui ne me place pas en superwoman. Je reste très éloignée des récits d'aventuriers aux capacités surhumaines, l'image véhiculée depuis le début de l'himalayisme. Bref, je suis en décalage avec le récit des « stars alpinistes ». Mais en réalité, la plupart de ces récits épiques ne correspondent pas à ce que j'ai vécu à 8 000 mètres d'altitude. Mon corps s'adapte plutôt vite à de nouveaux environnements, c'est vrai : j'ai la chance d'avoir des facilités en altitude. Ce que j'appelle de la modestie est considéré comme de la provocation.

Mais je n'y prête pas attention. J'ai vite compris le décalage entre ce que je suis et ce qu'attendent les médias d'un himalayiste : sensationnel, drame, records, psychologie et physique surhumains… Ma place n'est pas dans ce show. Je préfère ma réalité.

L'alpinisme me permet, j'en suis certaine, de mieux vivre en société. Pour moi, la vie en bas est parfois pesante. J'assume un côté peut-être asocial ou antisocial. En tout cas, ce sont les bouffées d'oxygène glanées en montagne qui détendent mon rapport quotidien au monde. C'est mon point d'équilibre. La fuite du quotidien. La fuite du modèle social, de l'aménagement confortable et routinier d'une vie, qui limiterait trop mes aspirations physiques, spirituelles, mes désirs de liberté. Et l'envie de vivre mes propres expériences, de me faire ma propre opinion.

Je fuis de plus en plus la société qui voudrait décider pour moi. Je sais que les réponses sont à l'intérieur de moi. Je pars là-haut pour vivre authentiquement. Quand on sait que les risques existent, quand on les affronte, on vit intensément et on redescend avec un amour encore plus grand de la vie. En expédition, ma vie est exacerbée, incandescente, tellement plus intense que n'importe quel moment en bas !

En altitude, je ne cherche pas à « tutoyer la mort » selon l'expression communément utilisée. Je n'y vais pas pour le danger, mon objectif premier reste toujours de redescendre et ne pas prendre de risque. J'y vais pour retrouver le plaisir de la vie, pour aller vers l'inconnu, là où mes yeux scintillent, là où je me sens pleinement moi.

Message de Ludo, qui m'arrache à ma longue rêverie. 13 h 03. « *les hélicos ont décollé, ils doivent faire un plein au milieu. On essaie encore un 3*e *hélico au cas où pour le relais* » « *situation vent brouillard, tiens le coup* »

Tenir le coup. Oui. Garder espoir. Mais je m'en veux tellement.

Pourquoi être revenue quatre fois sur le Nanga Parbat, moi qui m'étais promis de ne jamais m'acharner sur une même cime ? Bien sûr, c'est une montagne dont l'histoire m'a toujours fascinée. J'ai longuement étudié, décortiqué ses itinéraires. J'ai lu tous les récits d'ascension, regardé toutes les images disponibles, mon imagination vagabonde depuis de nombreuses années sur les flancs de ce géant de glace.

Mais à vrai dire, cette année, je n'avais pas spécialement envie de retourner sur le Nanga. Après trois expéditions de suite sur cette montagne, j'avais envie de souffler un peu, de tenter un autre sommet pour retrouver le plaisir de la découverte.

De ma première exploration ici en 2013 avec Daniele Nardi, j'étais revenue fascinée par l'hiver en Himalaya, l'isolement de cette montagne, la gestion et l'adaptation qu'impose un tel projet, mais aussi avec la certitude que l'ascension était envisageable et que je reviendrais. Le Nanga Parbat est magnifique en hiver, gelé, drapé de pans bleus en glace vive, figé par le temps, le froid, tandis que les vents dansent autour des cimes.

Deux ans plus tard, en 2015, j'étais restée immergée pendant plus d'une semaine dans la solitude du Nanga et j'avais découvert toutes les facettes d'une hivernale à 8 000 mètres au Pakistan, avec des conditions beaucoup plus sévères qu'au Népal, apocalyptiques parfois entre froid mordant, vent en furie et températures extrêmes. Mais justement, c'est cette dimension, la survie dans un milieu hostile, qui m'interrogeait, me fascinait. Je puisais dans ces ascensions, qui nécessitaient un mélange d'endurance, de courage, de motivation et de volonté, une grande confiance en moi-même, et j'attisais ma curiosité. Le Nanga m'apprenait aussi l'humilité, la gestion du risque et des limites humaines, et surtout le renoncement. J'étais redescendue avec plus de rêves encore qu'à la montée et avec la certitude de vouloir y retourner.

En 2016, j'ai moins bien vécu l'expédition : trop de monde, trop de rivalité. Quinze jours d'attente à Chilas pour obtenir toutes les autorisations et faire les formalités administratives, et nous avions raté la seule fenêtre météo possible en janvier. Nous étions déçus, Tomek et moi, malgré toute l'énergie et la passion dont nous avions fait preuve.

13 h 53. Ludo : « *au cas où Alex a laissé bouffe à 6 000 m derrière l'arrête à droite down... dernier recours* » « *encore deux heures avant l'arrivée des hélicos* »

Mais pourquoi est-ce si long ? Pourquoi tous ces retards qui n'en finissent pas ?

14 h 07. Je réponds à Ludo. « *2 h ? ils partent d'Islamabad ?* » Je peux vite devenir ironique, une façon de répondre aux choses de la vie qui me dépassent. Je me ressaisis : « *je pe essayer de descendre un peu ! mais plus bien d'énergie* » « *ce sommet arrivé de nuit nous coûte cher au final hormis notre bonheur* »

Ludo : « *pour le moment rester sur possible zone atterrissage. Je te dis si tu dois descendre* »

Pourquoi revenir cette année ? Pourquoi sommes-nous tous deux retournés vers le Nanga ? Grimpons-nous à la recherche d'un idéal ?

Tom et moi étions las de retourner sur cette montagne. Il n'y avait plus ou peu d'inconnu. Nous avions fait le tour de la question. Seul nous manquait le sommet ? Est-ce important ? La seule réponse positive que j'y associe est : « Terminer mon projet de 8 000 mètres en hiver, en style alpin, trouver les réponses à toutes les questions que pose ce type d'ascension pour n'avoir jamais à regretter de ne pas être allée au bout de mon rêve. » Pour tourner la page. Aujourd'hui, cela me semble bien dérisoire.

Alors, pourquoi y retourner ? Une hivernale en Himalaya sur un 8 000 mètres est la question cruciale de ma vie d'alpiniste à laquelle mon entêtement me force à répondre. Les récits de Jean-Christophe Lafaille[1] m'ont toujours fascinée : l'organisation nécessaire, les conditions compliquées à gérer, les aptitudes et limites humaines ; une acclimatation compliquée, des créneaux courts, une grimpe stratégique. Je voulais vraiment vivre d'autres conditions que les saisons classiques (printemps, été, automne) dans la troposphère. Un 8 000 mètres, c'est un terrain où je me sens bien, où je peux m'exprimer différemment. Je n'étais plus boulimique de voies, de sommets, mais de grands voyages en haute montagne, d'univers où je pourrais tester les limites de l'être humain. Pour 2018, j'avais plein de projets dont un gros au printemps incluant l'Everest : le plus haut, mais aussi le plus cher sommet au monde. Or mon budget était, comme toujours, très serré. Depuis que j'ai décidé de me mettre en congé de l'Éducation nationale en 2016 pour me consacrer entièrement à l'alpinisme, je vis d'expédition en expédition grâce à

1. Alpiniste français né en 1965 à Gap et disparu le 26 janvier 2006 sur les pentes du Makalu, au Népal

mes partenaires – Valandré, TeamWork, Everest Travaux acrobatiques, Grivel, Blue Ice. Je dois répartir au mieux, en fonction de mes objectifs, le budget qu'ils m'offrent. Or, une expédition en hiver au Népal coûte deux fois plus cher qu'au printemps et trois fois plus cher qu'une expédition hivernale au Pakistan.

Une hivernale est de toute façon plus coûteuse compte tenu du faible nombre de candidats ; on ne peut pas partager la logistique avec d'autres grimpeurs, ni le permis ni l'officier de liaison ni le coût de la caravane et du cuisinier. En outre, en hiver, le pari est toujours plus risqué à cause de la météo qui souvent anéantit une année de préparation : les chances de sommets se réduisent, autour de 20 % seulement. Une expédition en hiver au Népal aurait ruiné mon projet du printemps : aller sur l'Everest. Donc, si je voulais aller sur une hivernale, seul le Nanga était envisageable. Mais trouver des compagnons pour cela, alors même que la première avait déjà été faite, c'était peine perdue. Je m'étais donc programmée pour y aller seule.

Tom, lui, est fauché. Tout l'argent qu'il gagne comme mécanicien en retapant des véhicules anciens pour une grande compagnie en Irlande est consacré à l'éducation de ses enfants :

Max et Tonia, les deux aînés qui vivent avec leur mère Joana en Pologne, et Zoïa, sa petite dernière, qui vit avec Anna et lui en Irlande. Comme moi, pour chaque expédition, il doit chercher le financement nécessaire et il recourt souvent au crowdfunding. Ses « fans » le soutiennent depuis des années tant son histoire particulière avec le Nanga Parbat, qui est devenu sa montagne, les inspire. Il a déjà essayé de lancer d'autres projets, sur les Gasherbrum 1 et 2 ou encore sur l'Everest. En vain : seules ses collectes d'argent pour le Nanga fonctionnent. Alors, la spirale s'est refermée sur lui. « Éli, je peux trouver de l'argent, mais seulement si c'est le Nanga », m'avait-il dit au téléphone. Pourtant, son obsession l'avait lassé, il en avait marre de cette montagne. Mais tout l'y entraînait de nouveau. Comme si son destin y était lié.

Le choix du sommet s'était donc imposé à nous cette année.

Mon histoire résonne dans celle de Tom, et celle de Tom résonne dans la mienne. Nos vies sont si différentes et pourtant je trouve en lui l'écho de mes questions et de mes doutes. Mais je préfère me voiler la face et ne pas les regarder de trop près. Au fond de moi, je n'ai plus la motivation originelle pour le Nanga, mais cela me fait peur. Basculer de la passion d'explorer à l'emprisonnement ? J'en suis consciente, mais je suis prisonnière.

Et puis, quand je ferme les yeux, chez moi dans la Drôme, je m'évade sur les hauts sommets, sur les Noëls passés là-haut, sur le Nanga. Et je ressens alors dans mes tripes une envie, une joie de revivre ces moments durs, mais magiques, loin de tout ! J'ai le sentiment qu'y retourner me ramènera au bon endroit. C'est l'essence de ma vie que ce défi de grimper le Nanga en style alpin en hiver.

15 h 24. Ludo : « *hélico pas très loin ca va comment ?* »

15 h 47. Éli : « *ca va hyper soif et faim et dodo 5min* »

15 h 50. Ludo : « *ils arrivent dans 30 mn. Rotation BC pour poser team. Et monter light.* »

Ludo : « *Es-tu en possibilité d'attraper une corde en vol et bien tenir ?* »

« *Avec des nœuds un corps mort ? et mousqueton à clipper… prépare toi avec baudrier.* »

Je lui réponds : « *non ou avec mousqueton je suis bien cramée* »

Ludo : « *si ça fonctionne pas il essaie de se poser et sinon ils posent équipe.* »

17 h 02. Ludo de nouveau : « *Confirme nous. Secours ok ? si moindre problème dis moi on a un 3e hélico.* » Eh bien, non : je n'entends toujours rien, j'en ai marre d'attendre ces secours qu'on m'annonce depuis des heures et qui n'arrivent jamais.

Je réponds : « *non pas secours* »

17 h 11. Ludo : « *Tu ne les vois pas ?* »

« *Non.* »

17 h 14. Ludo : « *Tu les entends ? brouillard ? ils sont sur place.* »

« *Person brouillard ok 3e hélico ?* »

Ludo me demande si je les entends. Je ne sais pas, je ne crois pas, je doute. Depuis une petite heure, je suis retournée dans mon abri de fortune. Les seuls rotors que j'entends sont en fait ceux du vent en furie sur l'arête Mazeno. Le fameux bruit de réacteur des 8 000 mètres en hiver. Les sons se confondent. Non, ce n'est pas l'hélico, c'est le vent en rafale qui siffle dans mes oreilles. Je ne veux pas espérer en vain une nouvelle fois.

Mon inReach n'a quasiment plus de batterie. Je dois économiser les quelque 3 % précieux qui me restent avant qu'il ne se mette en mode sécurité de déclenchement de secours. Car dès lors, il me sera impossible d'envoyer des messages.

Je ne pourrai donc plus communiquer. J'envoie un message à Ludo pour le prévenir de la situation de l'inReach, je sais qu'il comprendra parfaitement, il en a fait lui-même l'expérience en montagne.

17 h 23. « *Je vais crever, bientôt plus de batterie.* » Je ne supporte plus cette attente vaine ! J'ai l'impression que ces échanges ne servent à rien, que tout cela est un leurre. J'envoie ce message par désespoir : je veux faire réagir Ludo ! Je ne comprends plus rien.

17 h 40. Ludo : « *new secours helico demain. scours team climbing.6000m tent bouffe ridge down right 10 min* »

Le mot « demain » me gifle. Le même qu'hier avant l'enfer de la nuit. Ce mot qui sonne si mal à mes oreilles. Je ne peux pas revivre une nuit d'attente ! Je dois descendre. Je dois prendre mon destin en main. Je dois me sortir et m'extraire seule de cette montagne.

Au bout de toutes ces heures d'attente, le mince espoir qui me tenait s'est mué en désespoir. Je ne comprends pas ce qui se passe, ce qu'ont prévu les secours pakistanais. Pourquoi m'avoir dit de descendre, d'abandonner Tomek, s'ils n'ont pas décollé, s'ils n'arrivent pas ? Je trinque depuis plus d'une journée, rongée par la culpabilité, minée par le froid. Et Tomek lui est là-haut, seul, si affaibli.

J'attends ici depuis vingt-quatre heures les secours qui devaient récupérer Tomek. J'ai suivi toutes les consignes qu'on m'a données. J'ai fait tout ce que l'on m'a dit de faire. Tomek ne peut plus bouger, la seule pensée qui me rassure est que je le sais très fort et capable de résister mieux que quiconque à ce froid terrible. C'est le Monsieur du Nanga, celui qui a passé un nombre incalculable de nuits là-haut, à plus de 7 000 mètres. Pourtant, j'ai de la peine à conjurer la terreur qui s'est emparée de moi depuis que Tomek m'a dit qu'il ne voyait plus.

D'un coup, tout bascule de nouveau. Comme au sommet. Je comprends qu'il n'y a plus d'espoir de secours ici. Et je sens au plus profond de moi que je dois bouger, bouger, descendre. C'est une urgence vitale.

Je ne peux plus passer des heures à attendre sans rien faire. Quoi qu'en disent Ludo ou les secours pakistanais. C'est à moi de reprendre les rênes.

Sinon, je resterai à jamais sur cette montagne.

Quarante-huit heures après notre décision de continuer au sommet, plus de vingt-quatre heures après avoir accepté de descendre, mais en décidant de rester au plus près de Tomek, donc par la voie Kinshofer au lieu de reprendre notre voie de montée, je prends la décision de continuer seule, de plonger dans la nuit, malgré mes orteils meurtris de froid. Je vais descendre, je vais rejoindre le camp de base demain matin et je viendrai secourir Tom ! Ludo me demande de ne pas bouger, d'attendre encore, mais ça fait deux jours que j'attends dans ces conditions inhumaines ! Deux jours que Tomek est au plus mal, deux jours que je subis. Je sais, je sens que je dois fuir cette montagne. Ma place n'est plus ici.

Je ne veux plus être cette coquille de noix dans l'immensité de l'océan chahutée par les vagues, le vent, sans gouvernail, sans pouvoir contrôler quoi que ce soit. Je reprends la barre. Je suis responsable de ma situation et si nous en sommes là, c'est notre faute. J'aurais dû comprendre que Tomek était dans sa bulle, obsédé par sa communication avec Fairy, dépressif au camp de base, isolé dans sa quête mystique, beaucoup plus fermé que les années précédentes.

Je garde espoir, je vais trouver la solution pour descendre, pour venir en aide à Tom, je vais trouver les ressources, descendre au camp de base et, si ça coince en dessous, je vais me botter les fesses pour désescalader et sortir de ce piège. Et si les cordes fixes continuaient ? Je n'ai pas le choix, je dois aller explorer !

Je suis mon instinct, je sais que la nuit sera longue, mais je serai au camp de base demain. Mon angoisse de la veille s'est évanouie. Les quarante-huit heures, cruelles, que je viens de vivre, ces images traumatisantes – l'épouvantable état de Tomek, sa voix, son visage, ses mains – agissent maintenant comme un carburant pour sortir de cette attente forcée, de ce piège et aller chercher de l'aide pour lui. Il faut que j'essaie d'échapper à cet enfer, à cet enfermement fatal dans la montagne. Il faut que je bouge pour vivre et survivre !

Les idées se font limpides dans ma tête, chassant les fantômes et désillusions qui m'ont tourmentée pendant la nuit. Je sens que personne ne viendra nous chercher, c'est à moi d'agir si je veux vivre. Je dois descendre de cette montagne et organiser en bas un secours le plus vite possible pour Tomek. Le vent souffle de plus en plus fort, balayant la neige accumulée au-delà des pentes de glace vive. Ma direction, c'est le camp de base, ma priorité, c'est bouger, fuir l'enfer de la nuit, avancer et me concentrer sur ce que j'ai à faire. Il est hors de question que je subisse une troisième nuit dehors sans bouger. Je sens qu'elle serait fatale. Je dois me battre pour survivre, me battre pour retrouver mon mari. Je ne peux pas abandonner Jean-Christophe ainsi, je ne peux pas lui faire subir ça. Je dois me battre et redescendre de cette montagne en vie.

## *27 janvier 2018, 18 heures*

« *J'essaie de descendre tant k'i y a des cordes*. » Dès que j'ai envoyé ce message à Ludo, j'éteins mon inReach. Il est 18 heures. Je ne verrai que bien plus tard sa réponse : « *rescue team say ne bouge pas*. »

Mes premiers pas sont hésitants et maladroits. Je ne sais comment prendre appui sur mon pied insensible. J'ai l'impression que mes orteils ont été remplacés par une masse liquide, qu'ils sont détachés de mon corps. J'appréhende de poser mon pied. Mais étonnamment, il ne me fait pas mal. Combien de temps, je n'en sais rien, mais pour l'heure, c'est miraculeux, je peux m'en servir, je peux marcher. En revanche, des élancements dans les mains me rappellent que je suis loin d'être tirée d'affaire.

Je plonge dans l'obscurité. Je fais du bruit avec mes crampons pour écraser le poids du silence, de la solitude, faire taire mes doutes et mes peurs. La suite sera-t-elle au-dessus de mes forces ? Est-ce que je vais me retrouver dans une impasse ?

La pente est lisse, vitrifiée, soutenue, à 50-60 degrés, dans une glace terriblement dure. Les profondeurs de la nuit me masquent la suite de l'itinéraire, et heureusement ! Ainsi, je ne me sens pas happée par le vide, aspirée par l'abîme. Si je pars en glissade dans ce champ de glace, c'est terminé pour moi. Je continue à avancer, méticuleusement. Bientôt, je ressens la quiétude de la montagne et, paradoxalement, l'obscurité de la nuit me sécurise.

Tout me semble improbable, irréel. Je descends de nuit, sans frontale, dans une voie que je ne connais pas, sans aucun matériel, ni piolet ni descendeur ni machard[1] ni broches à glace ni corde dynamique. Sans avoir bu depuis cinquante-cinq heures au moins. Quasiment sans sommeil depuis quatre-vingts heures, hormis mes rêves éveillés et mes tourments hallucinés de la nuit passée. Avec, comme un talisman

1. Nœud autobloquant

auquel je me raccroche au plus profond de moi, ces mots de mon mari, ceux qu'il m'a envoyés il y a quelques jours, durant la montée vers le sommet, me mettant en garde face à la mauvaise météo annoncée : « *Ma chérie, s'il te plaît, sois au camp de base le 27 !* »

La lumière blafarde de la lune se réverbère sur l'éperon Mummery, comme un clin d'œil à notre expérience de 2013, comme un réconfort providentiel. L'arête Mazeno se détache majestueusement dans le ciel. La lune réfléchit les rideaux de glace bleue de la voie Kinshofer. J'avance grâce à cette lune opportune puisque ma frontale a rendu l'âme. Fascinée par la lumière relativement chaleureuse qu'elle me procure, je me laisse glisser le long des cordes, oubliant un instant la fragilité et l'audace de mon entreprise. La question de savoir ce qui se passera plus bas ne se pose plus. Je sais seulement que je dois descendre toute la nuit en suivant mon rythme. J'enlève mon masque car je ne vois plus assez le relief. Un vent froid me fouette le visage et me gèle immédiatement la cornée. Je me protège les yeux avec mon gant, le temps que l'œil s'acclimate. Je dois plisser les yeux pour y voir plus clairement.

Mes pensées tournent en rond : garder les doigts au chaud – bouger les orteils –, plisser les yeux pour ne pas les perdre. Garder les doigts au chaud-bouger les orteils-plisser les yeux pour ne pas les perdre. Avancer.

Je suis les cordes, mon fil d'Ariane. Ces cordes que je fuis en temps normal. Quel pied de nez ! Les cordes fixes installées du camp de base au sommet, je les ai toujours évitées. Si je vais là-haut, c'est par mes propres moyens, point. Pourtant sur des voies normales, il est difficile d'y échapper aujourd'hui. On ne peut plus grimper les voies classiques himalayennes en style alpin. Des cordes fixées sur la montagne remplacent le piolet. Plus de corde dynamique entre les grimpeurs, plus de broche à glace sur le baudrier, plus de machard. Juste une poignée jumar, une poignée sur laquelle on tire pour se hisser ; et un descendeur et une longe pour descendre. Ces cordes sont acheminées à dos de porteurs d'altitude tandis que le client, lui, ne porte qu'un sac allégé. Je trouve cette pratique très éloignée des conditions naturelles d'ascension et d'une réelle exploration du milieu de la très haute montagne. Mais cette nuit, ces cordes sont en train de me sauver la vie ; en plus d'alléger ma souffrance.

Comment peuvent-elles être encore là et accessibles, pourquoi ne sont-elles pas emprisonnées dans la glace ? Le Nanga n'a pas été grimpé durant trois étés à la suite de l'attaque terroriste de 2013[1].

Les premiers grimpeurs revenus en 2016 sont montés quasiment en style alpin. Et ces deux dernières années, peu d'expéditions commerciales sont passées ici.

En tout cas, ce fil de vie semble déroulé pour moi et me rassure. Je reste concentrée, veille à toujours bouger pour ne pas geler sur place.

> Au retour, j'apprendrai que je dois mon salut à une expédition coréenne commerciale de septembre 2017 qui avait posé ces fils d'Ariane pour ses clients, ainsi qu'à la météo clémente de l'automne, qui a laissé les cordes libres de glace.

La température descend au fur et à mesure que le vent augmente. Il me cingle le haut du visage. Heureusement, mon nez et mon menton sont

1. Le 22 juin 2013, lors d'une tentative de rapt qui a mal tourné, dix alpinistes étrangers et leur guide ont été tués par un commando islamiste.

protégés par ma cagoule. Mes doigts souffrent énormément du froid. Je sens des cristaux de glace se former dans la pulpe de mes phalanges.

Les mots de Jean-Christophe ne cessent de ricocher dans ma tête : « *Ma chérie, s'il te plaît, il faut que tu sois au camp de base le 27 janvier. Après, une grosse perturbation arrive. S'il te plaît, sois en bas le 27.* »

Le temps se dégrade. Je vois des filaments dans le ciel arriver de la vallée du Diamir. Je connais parfaitement la météo sur cette montagne et, au fil des expéditions, j'ai appris à lire les signes d'une légère dégradation ou d'une bonne perturbation. Le ciel au-dessus des montagnes de l'Hindu Kush de l'Afghanistan s'assombrit, ce qui signifie qu'un changement important arrive. Je préfère aller à la rencontre de la vie plutôt que d'attendre que la mort vienne à moi. Même si je ne pense pas à la mort et n'y ai jamais pensé jusqu'à maintenant.

Je lève les yeux vers le plateau. La visibilité est nulle. Un front de nuages lenticulaires court d'est en ouest. Je sais Tom à l'abri, mais dans quel état est-il maintenant ? Question sans réponse, lancinante, qui me hante depuis que je l'ai quitté, il y a plus de vingt-quatre heures maintenant.

Je n'ai jamais connu une solitude aussi pleine, mais paradoxalement, je puise dans cette épreuve une grande force. Je me surprends à avancer dans cette nouvelle nuit avec un grand calme. Je ne ressens plus d'émotions particulières, plus de colère, plus d'incompréhension. J'ai un but et j'avance.

Pour étancher ma soif, j'arrache des morceaux de glace, mais elle colle instantanément à mes lèvres, à ma langue, au palais, elle ne fond pas ! J'ai la bouche en sang, la peau arrachée et de plus en plus soif.

Je fonctionne en mode automatique, un peu comme lorsque j'ai entamé la descente avec Tom du sommet à la crevasse, sauf que cette fois, c'est à moi que j'impose ces gestes automatiques. J'ai laissé quasiment tout mon matériel à Tomek pour le sécuriser et le réconforter dans son abri : mes gants épais, mes piolets, mes mousquetons. La seule façon de descendre en sécurité, c'est d'utiliser au mieux ce qui me reste : les *leashes*[1] de mes piolets et un mousqueton à vis. J'utilise le leash en machard pour

1. Système élastique à double sangle qui rattache le piolet au pontet du baudrier et évite de le perdre, tout en laissant une grande liberté de mouvement.

ralentir la descente sur la corde et bloquer en cas de chute.

J'enlève mes surmoufles trop encombrantes pour les manipulations. Sur mon mousqueton à vis, je fais un nœud en demi-cabestan suivant le mou de la corde que j'ai sur la section. Quand la corde est trop tendue, que je ne peux même pas faire un nœud, je fais un tour mort dans le mousqueton. Et dans le plus mauvais cas, le plus fréquent, hélas, lorsque je n'ai aucun mou, je clippe juste le mousqueton dans la corde. Mais je descends toujours avec deux points qui me relient à la corde fixe. Je revisse toujours mon mousqueton à vis, vérifiant avec mon pouce le blocage avant chaque départ.

Je répète la manipulation, en mode automatique, des dizaines et des dizaines de fois. Je progresse doucement, c'est long, long. Autour de moi, il n'y a que du bleu, c'est un mur de glace vive. Je me retrouve en fait dans le champ de glace que j'avais repéré d'en bas, il brillait dans la nuit, et je m'étais juré de ne jamais y mettre les pieds…

Mon esprit se concentre au maximum sur chacun de mes gestes. L'extrémité de mon pied blessé me semble bizarrement liquide. Mais je garde confiance en mon appui, confiance en mon corps. Ce corps que j'ai travaillé toute ma vie ne peut pas me lâcher ! Je l'ai formaté, forgé, endurci, contraint pendant des années et aujourd'hui il doit répondre.

Je rentre dans une zone mixte de rocher et de glace mêlés. Je descends en automate de relais en relais, concentrée sur l'action. Manger de la neige, souffler dans mes mains l'air chaud de ma bouche, manipuler la corde (machard, tour mort, demi-cab), serrer mes mousquetons à vis, contrôler, saisir la corde, me concentrer, refouler la fatigue, ne pas penser à mes doigts. Et question : que faire si je suis bloquée ? Remonter ? Rester en bout de corde ? Attendre ? Non, trop froid, tu vas crever. Si tu es bloquée, tu devras remonter et traverser à 7 200 mètres, c'est la seule solution. Mais aurai-je assez de force et assez de temps avant la perturbation qui arrive ? Inutile de tergiverser : avance et tu verras ! Ça repart pour quarante mètres. Je remercie les poseurs inconnus de cordes fixes.

Mes piolets me manquent terriblement ! Ce sont des outils cruciaux en montagne et, d'habitude, j'en prends soin comme de la prunelle de mes yeux. Pourquoi les ai-je laissés là-haut, pourquoi n'en ai-je pas pris au moins un ? Quand j'ai installé le relais pour assurer Tom, je ne pensais pas en avoir besoin pour la suite, pour rejoindre le camp 3. Mais au-delà, c'est de la folie. Sans les cordes fixes, providentielles, je serais incapable de descendre. Quelle imbécile je fais ! Avoir laissé mes deux engins là-haut pourrait causer ma perte plus loin. Quand je les ai posés, c'était pour être sûre que Tomek ne tombe pas, ne glisse pas. Mais je me maudis à cet instant. Comme à beaucoup d'autres.

Puis je me calme car même avec mes piolets, sur cette glace vive, dure et bleue, inclinée à 50 degrés, il me serait impossible de descendre en désescalade sur un si grand dénivelé. Dans tous les cas, il faudrait une corde de rappel. Si je tombe, même mes piolets ne pourraient arrêter ma chute dans cette pente verglacée. Les cordes sont mon seul lien à la vie !

C'est un combat long et fastidieux, mais aussi une marche vers le camp de base, vers la vie. Jean-Christophe doit tellement s'inquiéter !

Je regarde au-dessus, là où Tomek m'attend. Je sais que j'ai un rôle à jouer, celui de lui venir en aide, mais un long chemin s'étend et plonge vertigineusement en direction de notre camp de base. Je suis engagée dans un nouveau contre-la-montre vital, et je dois gagner la partie avant la tempête.

Nous avons cru que le défi était d'atteindre le sommet par notre voie. Or, le défi véritable était de redescendre de cette montagne, de cet endroit hostile. Au milieu de mes pensées confuses et du brouillard qui m'entoure, je me dois de garder le sens de la réalité. J'ai aidé Tomek à s'accrocher à la vie pendant de longues heures.

Je reprends ma descente. J'avance sans hâte, de façon méthodique. Je marche sur de la vitre, la pointe de mes crampons mord à peine sur cette glace bleue. Je vois clairement mes jambes et mes pointes de pied s'ancrer dans la glace, s'incruster et traverser la pellicule de vitre pour mordre à la paroi et assurer mon pas. Comme si j'avais des yeux au niveau des pieds pour enfoncer ce point d'appui. Je dérape parfois dans un crissement qui rompt le silence. Immédiatement, mes mains empoignent fermement la corde par réflexe, je serre les dents car elles me font souffrir. Mais je descends et glisse sur ce fil de Nylon salvateur.

J'évolue dans un monde qui se tait. Nul bruit de sérac ni d'avalanche. J'avance sur les pointes avant de mes crampons, face à cette pente de glace, face au sommet, face à Tomek, dos au vide, dos au camp de base. Je me force à accentuer la pression de mes mains sur la corde.

Je m'agrippe fort malgré la douleur de mes bouts de doigts. Une capsule de glace à l'intérieur de mes sous-gants recouvre maintenant chaque dernière phalange. Je n'ai plus de gants de secours. J'ai tout laissé à Tomek. S'il avait pris au moins une paire de gants de réserve avec lui, je n'en serais pas là, à me geler les mains ! À cet instant, son côté *borderline* m'exaspère.

Chaque changement de corde est une petite victoire sur le sommeil, la fatigue, l'épuisement, la soif, le froid. Le temps passe et je me bats contre lui, pour rejoindre le camp 2, trouver un abri, puis descendre jusqu'au camp de base. Je me détache de mes mains, pour que le mal, la douleur ne polarisent pas mes pensées. Mon objectif, c'est en bas. Ici, c'est la mort. Tu n'as pas le choix ! Bouge-toi ! Le froid est glacial.

Rétrospectivement, je comprends qu'à ce moment-là, je ne me rendais pas compte qu'il n'y avait plus qu'une très faible chance de sauver Tom. Je ne prenais pas conscience de l'extrême gravité de son état, de sa presque mort que j'avais pourtant perçue dans son visage avant de le quitter, et de la mienne que j'avais frôlée la nuit précédente.

Heureusement, sinon je n'aurais peut-être pas pu avancer. Le cerveau est protecteur parfois et l'instinct de survie un phénomène mystérieux.

Durant ces journées terribles, j'ai toujours pensé à la vie, pour Tomek et moi, et jamais à la mort, pour aucun de nous deux. Je n'ai jamais abandonné l'espoir, celui de ramener Tom à la vie et celui de réussir à descendre jusqu'au camp de base. Au fond de moi, une énergie positive me projetait vers l'avant, me protégeait. Aujourd'hui, je me demande quelle est cette force extérieure ou intérieure qui est parvenue à chasser les démons de la nuit sur mon passage, qui a jalonné mon chemin d'un fil d'Ariane vers la vie, qui m'a insufflé l'énergie de vivre, m'a arrachée au piège qui se refermait sur moi.

J'ai soif. Je prends de la neige mais elle est trop fine, légère ; dans ma bouche, ce n'est plus qu'une goutte. Et mes gants se mouillent au fur et à mesure.

Au fil de la nuit, le vent se renforce. Le blizzard et les vents entrent en scène dans la nuit déjà glaciale. Les nuages voilent les montagnes. Le mauvais temps arrive. Le vent soulève des tourbillons de neige. Ce froid transperce mon corps, mes os, mes chairs. Je m'efforce de bouger pour me réchauffer. Je suis venue à bout de cette muraille de glace, c'est miraculeux que ces cordes fixes n'aient pas été bloquées dans la glace, sauf sur cinq mètres.

J'ai besoin de m'asseoir un peu sur les cailloux. Je suis fatiguée et le sommeil me gagne. Je me pose. Mes yeux se ferment, tyrannisés par le froid, le vent, et assaillis de fatigue. Je dois reposer un peu mon corps pour pouvoir repartir, survivre. La halte n'est pas très longue. Ma position est très inconfortable, les rafales de vent trop fortes et je n'arrive pas à me reposer même quelques minutes. Comme si quelqu'un me poussait à descendre en me disant : « Ce n'est pas le moment de te poser ici, allez, va, descends, tu n'as plus rien à faire ici ! » J'ai l'impression de tomber, de glisser, et je dois me redresser. Je suis transie de froid en quelques minutes. Je somnole, mais soudain une violente gifle glacée de grésil me réveille, me remet en route. Mes mains me font souffrir. La douleur est parfois si tranchante qu'elle m'oblige à m'arrêter. Le front appuyé contre la glace, je blottis mes mains sous mes aisselles, tentant de les réchauffer, j'attends que la douleur s'apaise. Puis je repars.

Le temps change, je ne dois pas traîner. Si je me pose trop longtemps, ce sera compliqué. Je dois bouger toute la nuit pour survivre. Redescendre de cette montagne. M'extirper de cet enfer. Mon cerveau est formaté et il ne lâchera pas. Toutes ces années passées à m'entraîner physiquement, à me forger un mental d'acier payent maintenant.

J'erre sous la lumière livide de la lune qui dévoile des champs de glace vive et bleue. Je suis concentrée sur mes poses de pied, je ne veux pas déraper et devoir serrer les cordes plus fort entre mes mains meurtries. Pourtant je me force à les mobiliser au maximum, le serrage est un bon moyen d'apporter un peu de sang aux extrémités.

La pente s'est redressée et plonge dans l'immense abîme d'obscurité de la vallée du Diamir. Je ne regarde pas la vallée ni mon objectif ultime, le camp de base. Je me focalise sur les cinquante mètres au-dessous de moi que je peux distinguer dans cette nuit. Le temps n'existe plus.

J'arrive à un relais, point de jonction entre deux cordes. Un pieu ou une broche en guise d'ancrage, plusieurs cordes reliées, emmêlées.

Je dois faire le tri entre ce qui est correct et ce qui ne m'inspire pas du tout confiance. Puis je reste vachée sur la corde amont et j'empoigne la corde aval à pleines mains. Ma main gauche est au-dessus de ma main droite. Je tire à grands coups secs dessus afin d'évaluer l'écho que me renvoie la corde. Je sais ainsi si je peux me glisser dessus le temps d'une descente ou si je dois alléger le poids. La solidité de la corde est entamée au fil des saisons et des grands écarts de température. En fibres de Nylon, les cordes ne sont pas homologuées pour la grimpe et rapidement effilochées par les descendeurs. Après une saison, je les considère comme dangereuses. Je garde en tête qu'elles peuvent se briser comme du verre.

Je me déclippe du haut. Leashes posés sur la corde en forme de nœuds autobloquants. Pose d'un tour mort autour de la corde fixe que je relie au mousqueton à vis sur mon pontet. Je me mets en tension, je teste. Deux minutes de repos. Réchauffage des mains. Je ferme les yeux. Je souffle dessus. Je fonctionne au feeling. Puis encore quarante mètres de descente le long de l'escalier descendant éclairé par la lune.

Habituellement, les gelures aux pieds sont d'une douleur atroce. Habituellement, quand les mains commencent à geler, on perd la sensibilité, et toute manipulation de corde, mousqueton, etc., devient compliquée, voire impossible au bout d'un certain temps. Miraculeusement, je n'ai pas souffert, je n'ai pas eu d'élancement dans mon pied ; je souffrais des mains, mais j'arrivais pourtant à m'en servir. Une chance inouïe, un autre miracle. Sans la sensibilité dans les mains, toute tentative de descente aurait été vaine.

Je m'attends à rester coincée au bout d'une corde prise dans les glaces et à devoir attendre là que le jour se lève pour pouvoir évaluer la suite. Et pourtant rien de cela n'arrive. Une chance providentielle.

Seuls cinq mètres de cordes sont pris dans les glaces. Je dois désescalader avec prudence, mains posées sur la glace vitrée et pointes avant de mes crampons solidement ancrées pour chaque pas. Quelques bouts sont pris sur un ou deux mètres, mais j'arrive à les extirper rapidement par des coups secs sur la corde. Chaque saisie de corde m'élance les doigts, mais ce n'est rien par rapport à la souffrance qu'a endurée

Tom, du sommet à la crevasse, et qu'il endure encore.

Une fatigue insidieuse me gagne. J'essaie de respirer profondément pour chasser ces émotions. Mon esprit se détache de la souffrance qui s'insinue dans mes chairs et pénètre sournoisement mes doigts. De la main gauche, j'essaie d'ôter ma surmoufle sans y parvenir. Exaspérée, je l'arrache avec mes dents, descendant au passage ma cagoule de devant la bouche. Mes fins sous-gants en dessous sont couverts de givre. Plier mes doigts et fermer la main sur la corde est douloureux, mais je n'en ai cure. Mon combat est ailleurs, mes mains sont pour l'heure un détail qui ne doit pas parasiter mes pensées. Un détail que j'évalue pourtant en permanence, car de mes mains dépend aussi ma survie. Je tente régulièrement de les réchauffer en soufflant dessus. J'imprime un rond avec mes mains et je mets ma bouche entre le pouce et l'index, les autres doigts se recroquevillant sur ma paume de main. Et je souffle de l'air chaud de mes poumons pour essayer de ramener mes doigts à la vie. Les tourbillons de neige balayent la pente une nouvelle fois, remplissant de ces cristaux de neige la surmoufle qui pend à mon poignet. La douleur tenaille mes extrémités. Je sens que le sang veut revenir doucement. L'intensité de la brûlure est parfois violente. Puis je vide ma moufle et répète l'opération avec l'autre main. Les élancements me torturent mais je dois continuer d'avancer, concentrée vers le bas.

Le vent s'amplifie. Je suis sur le fil d'une arête lorsqu'une violente rafale me fait presque perdre l'équilibre. De petites aiguilles glacées me giflent le bout de visage qui n'est pas protégé. Je repense aux heures d'espoir et de désespoir que j'ai vécues la nuit précédente sur la vire de cette lointaine crevasse. Cela me paraît déjà loin. Je descends à présent vers la lumière, j'ai confiance. Je prie pour en finir avec cette arête exposée au vent. Ma surmoufle gauche vient de s'envoler sur une violente rafale ! Merde, je n'ai plus que mon sous-gant gelé sur cette main !

Le camp 2 n'est pas loin. Je sais, grâce au message que Ludo m'a envoyé ce matin vers 11 heures, que Daniele Nardi et Alex Txikon y ont laissé une tente en 2016 derrière un bloc rocheux. Je me raccroche à cette idée, je suis épuisée, je pourrai m'abriter si je la trouve.

Peut-être qu'il y aura aussi un peu de nourriture. Peut-être. L'espoir est mince, mais me motive.

En 2015 déjà, avec Tomek, nous avions galéré dans cette descente. On n'avait plus de nourriture, plus rien à boire. Et mon seul objectif, c'était déjà une tente de Daniele Nardi car je savais qu'il l'avait laissée au camp 1. Et nous l'avions trouvée ! Nous nous étions abrités, j'avais fait chauffer de la neige, nous avions pu boire et repartir. Le cuisinier qui avait vu nos frontales était monté à notre rencontre du camp de base.

Je me bats, je souffre énormément des doigts. Le terrain est mixte, avec de la glace, beaucoup de traversées, mais assez scabreux. Je dois serrer les cordes au maximum et la douleur est intense : j'ai l'impression que les cristaux de gel se solidifient dans mes doigts.

Rétrospectivement, je me condamne pour le choix que j'ai fait de descendre seule. J'aurais pu rester avec Tomek, l'accompagner du mieux que je pouvais jusqu'à son dernier souffle. Puis je serais descendue. Ou j'aurais attendu l'hélico avec lui.

À mon retour, les médecins m'ont affirmé qu'il ne restait plus à Tomek, lorsque je l'ai laissé, que quelques heures à vivre. Selon eux, il était au stade terminal de l'œdème pulmonaire. Rien n'aurait pu le sauver, pas même une descente en hélico rapide.

## *28 janvier, 1 h 50*

Soudain, un faisceau de lumière venu du bas de la pente troue l'obscurité. Un deuxième le suit à vingt mètres. Deux faisceaux qui éclairent loin, bougent vite, comme des têtes de marionnettes agitées. Une brume floute l'irradiant phare jaune. Ils sont montés ? Mon Dieu, ils sont montés, ils sont montés !

Je suis en bout de corde, sur un caillou avant la prochaine section. Je hurle. Mais le son est bloqué, mes cordes vocales sont enrayées par le gel féroce de la nuit. Je réessaie : « Heeeeyyyyy ! Je suis là ! » Un voile de douceur glisse sur moi. Assise sur le caillou, je suis du regard le ballet de faisceaux lumineux qui monte vers moi. Le plus fabuleux spectacle de ma vie.

Ils ne m'ont pas entendue. Mes cris se perdent dans la neige qui les étouffe et le vent qui les emporte vers Tomek, sous le Nanga. Mon cœur tape sous mes côtes, cognant jusque dans ma tête.

Je reste pétrifiée, posée sur mon caillou comme sur un perchoir, à cent mètres au-dessus. Incapable de bouger, de réaliser ce qui se passe. Il est 1 h 50 du matin et je suis à 5 950 mètres, juste au-dessus du camp 2 habituel de la voie.

Les lumières arrivent sur le plat. Je continue à crier, en vain. Un grimpeur a pris les devants et monte seul.

Soudain, à vingt mètres de moi, le faisceau de sa lampe m'éclaire et j'entends : « *Adam, I have her !* » C'est Denis qui crie ! Denis Urubko, mon modèle, mon « idole », l'alpiniste qui m'a toujours tellement impressionnée, l'homme pour lequel j'ai un immense respect et que je n'ai encore jamais rencontré.

« *Élisabeth, can you go down, can you join me, walk a little bit ? — Of course, Denis.* » Bien sûr, je peux descendre, mais je suis si ébahie par la situation improbable que je suis en train de vivre ! Toutes ces heures d'attente, d'espoir, de désespoir. Le dernier message de Ludo repoussait une action de secours au lendemain. Et ils sont là, à 2 heures du matin !

Je bouge, je descends, mais déjà, d'un coup, j'ai lâché prise : j'ai tellement mal aux doigts, la douleur est si atroce que je n'arrive plus à tenir les mousquetons, je me sens empotée. Je prends la corde et hurle intérieurement de douleur. Je refais mes manips avec soin, prudemment.

Je rejoins Denis. Il me serre dans ses bras. « *Élisabeth, Élisabeth, nice to meet you, Élisabeth. Adam, I have her ! Adam, I have her !* » Ses cris explosent mes tympans, mais je suis tellement soulagée. Ils sont montés ! Je ne suis plus seule, je suis avec Denis !

Je suis heureuse. Je sais que ce n'est pas le mot autorisé à ce moment-là. Ni le bon, compte tenu de la situation. Tomek est là-haut. Je vois sans cesse son visage, ses mains, sa voix, son regard, son désarroi, sa peur, son anéantissement. Mais je ne suis plus seule avec ces pensées, enfin. Je peux pour la première fois les partager et en parler avec Adam et Denis. Je me sens soutenue, réconfortée et j'oublie le chemin de croix parcouru jusqu'ici.

Denis éclaire mes mains, et me donne aussitôt ses moufles. Il m'aide à les mettre, il enfile mes sous-gants à la place. « Mais ils sont trop froids, tes gants, ils sont gelés ! » Il sort vite une autre paire de gants de son sac pour lui.

« N'utilise plus tes mains », me dit-il. Il m'installe sur la corde et me fait descendre jusqu'à Adam Bielecki.

Adam, c'est un grand ami. Nous nous sommes rencontrés en décembre 2015 au camp de base du Nanga Parbat. Et tout de suite, cela a été hyperchaleureux entre nous. J'ai toujours eu beaucoup de respect pour lui. Nous avions projeté de faire l'Everest ensemble en septembre 2016, d'ouvrir une nouvelle voie côté nord. Mais il s'est cassé le poignet sur une *slackline* juste avant.

« Ohhh Éli, je suis si content de t'avoir trouvée ! » Adam m'enveloppe dans ses bras.

Tout de suite, il me demande : « Est-ce que Tomek peut marcher ? — Non, Adam, il ne peut pas marcher. — Éli, je suis désolée, mais on ne peut rien faire. Il faudrait être six pour le redescendre, et avec des bouteilles d'oxygène. Je suis désolé, Éli. » Ces mots ricochent sous mon crâne et quelque chose d'angoissant se grave dans mon cortex. Je me raisonne : je comprends qu'ils ne peuvent pas monter maintenant à cause des conditions météo. Mais dans ma tête, à ce moment-là, les hélicos vont décoller le lendemain pour Tomek. Je suis inquiète du temps qui tourne, des rafales de vent qui s'intensifient, même si Tom est bien protégé dans sa crevasse, étanche au vent et aux chutes de neige.

Comment n'ai-je pas compris à ce moment-là que Tomek était condamné ? La réalité était trop dure, trop lourde à porter. Mon esprit a occulté, nié cette évidence, a préféré se projeter encore sur une possibilité de sauvetage par les hélicos. Denis avait déjà anticipé, préparé en amont, avec Adam et l'équipe polonaise de soutien les décisions à prendre. Au retour, voilà ce qu'il a écrit : « C'était à nous de faire un choix. Nous ne sommes pas des enfants. Nous sommes des professionnels de la montagne. Nous n'avions que très peu de chances de retrouver Tomek en vie après toutes ces heures passées là-haut, sans eau ni nourriture et surtout dans l'état où il était. Comment, ensuite, aurions-nous pu le transporter à deux sur le vaste plateau à 7 200 mètres d'altitude, puis dans la face ? Si nous avions eu la moindre chance de sauver Tomek, nous y serions allés, mais là, nous avons vite compris que c'était fini pour lui et que nous devions nous concentrer uniquement sur le sauvetage d'Élisabeth. Tomek était un guerrier. Il a fait un choix de combattant. »

Et voici ce qu'Adam a écrit :

« C'était comme une condamnation à mort. Je savais que même si nous pouvions grimper 1 400 mètres de plus, ce qui était assez improbable, nous ne serions pas en mesure de faire quoi que ce soit pour lui. Nous ne serions pas capables de le descendre en le portant s'il ne pouvait pas marcher. »

Adam me tend son Camelbak. Je tire dessus à n'en plus finir. Il me retire l'embout. « Éli, fais gaffe, ne bois pas trop vite. Tu n'as rien bu depuis trop longtemps. Tu vas gerber. — J'ai trop soif, Adam. Merci, vraiment merci, Adam ! »

Denis nous rejoint. Ils discutent brièvement de l'organisation, puis Adam prend sa radio et échange en polonais avec Jaroslaw et Piotr qui sont restés au camp 1 pour préparer un bivouac. Denis et Adam divergent sur la suite – faire une petite pause ou descendre illico ? Ils se parlent en anglais, sur le ton d'un vieux couple, en se contredisant l'un l'autre. La situation, parce qu'elle est si humaine, me fait sourire intérieurement.

Adam veut rejoindre le camp 1 tout de suite dans la nuit à cause de la mauvaise météo qui s'annonce. Denis veut attendre le jour pour franchir le mur Kinshofer. Ça parle, reparle, argumente. Tous les deux ont aussi besoin de se poser, de boire.

Le vent, en rafales, est glaçant. La fatigue m'envahit, je lutte terriblement depuis quelques heures pour ne pas m'endormir. Alors c'est moi qui tranche.

« J'ai besoin d'une pause. Je suis *out*. »

Denis : « Ah, Adam, voilà une femme intelligente ! »

Ils décident d'organiser un bivouac précaire, trouvent un terrassement en glace vive. Ils installent une toile d'abri-bivouac et un matelas. Mais l'abri de fortune vole au vent. Le matelas aussi. Il faut tout bloquer avec les crampons. Et rapidement tout tirer au-dessus de nous.

Adam échange *via* la radio sur la météo, sur la situation de Tomek, son état, les médicaments que je dois prendre. Finalement, il m'aide à enlever mon alliance, la place avec la sienne autour de son cou, me donne de l'aspirine.

Denis fait fondre de la glace avec un petit réchaud posé sur son genou. Côte à côte sur le matelas et sous l'abri, nous sommes dans une position hyperinconfortable à trois. Ma petite taille me sauve, mais eux sont pliés en deux ! Je leur raconte la journée du 25, le sommet, je leur décris l'état de Tom. Puis l'attente, seule.

Adam me parle de leur longue attente au camp de base du K2 tandis que les hélicos tardaient à arriver : « Ce fut le moment le plus difficile de tout le sauvetage pour moi. J'ai envoyé une photo hier matin pour montrer le beau temps du camp de base du K2 ! Je ne savais pas si nous allions voler ou non, mais il était évident que si rien ne se passait aujourd'hui, une troisième nuit dehors aurait été fatale pour vous. »

Nous discutons, buvons, mangeons.

En quelques secondes, toute mon énergie me quitte, je ne suis plus qu'une chiffe molle. Pour la première fois depuis des heures, je peux m'abandonner.

Je somnole en fractionné. Adam, plié en deux, a trop mal au dos. Je ne cesse de boire et de parler de Tom, de notre journée du 25, du sommet. C'est tout de suite un sujet de questionnement. Denis a l'habitude des sceptiques face aux performances, des remises en question des sommets, des jugements lapidaires du milieu. Adam aussi. Point GPS ? Non, je n'en ai pas.

Photo ? Non plus. Alors, ce sera un problème, me disent-ils. Je m'en fous, je ne revendique rien et ne revendiquerai rien. « Mais c'est déjà sur Internet, Éli ! » me préviennent-ils tous deux. Quoi ? Comment ? Je me souviens que j'avais effectivement laissé un message à Ludo, je ne sais plus quand précisément, mais dans un moment de grande solitude et de détresse. Pourquoi ? Parce que j'étais seule, que j'avais besoin de parler, besoin que Ludo sache qu'au moins Tomek et moi avions réussi à gravir le Nanga. Mais comment tout cela s'est-il retrouvé sur Internet ?!

Je parle de notre première nuit, de notre enfer, de notre lente descente dans l'apocalypse des températures de la nuit. Adam me raconte le miracle qui les a propulsés ici en si peu de temps : « J'ai tenté trois fois dans ma vie de franchir le mur Kinshofer. Trois fois ce fut un échec ! Cette nuit, le mur s'est ouvert à nous, grâce aux cordes fixes. Moi qui m'étais juré de ne plus jamais tirer sur ces cordes ! Et pourtant c'est grâce à elles que nous sommes là, avec toi, maintenant. »

Je somnole allongée sur eux deux. Denis m'enserre dans ses bras, m'enveloppe de chaleur. La situation est irréelle, étrange, mais ce moment ensemble est d'une intensité que je n'ai jamais connue auparavant dans ma vie.

Denis plaisante : « Éli, tu as deux gentlemen pour toi, profite ! Nous, on a de la chance d'avoir une femme comme toi avec nous ! »

Pendant ce temps, Adam nous filme.

Je n'arrive toujours pas à croire à ce qui se passe : en quelques minutes, je suis passée de l'« enfer » à ce cocon de chaleur. Je bois. Adam me donne un gel, mais je n'ai pas faim. Juste soif, soif.

« Tu es une star maintenant, Élisabeth ! me dit Denis.

— Je suis la reine des gelures, oui ! »

> En fait, à ce moment-là, je n'ai absolument pas compris pourquoi Denis me disait cela. J'étais à des années-lumière d'imaginer l'ampleur médiatique qu'avait prise le sauvetage. J'émergeais juste des gouffres de l'enfer et j'étais épuisée, déshydratée. Le décalage était total. Avec Adam et Denis, j'étais soulagée, heureuse, je savais que j'étais sauvée. Mais je ne me figurais absolument pas la « folie » dans laquelle j'allais être aspirée à mon retour, les condamnations et jugements du milieu ou d'inconnus, la quête du « sensationnel », cette

compétition acharnée pour m'extirper les mots percutants du désarroi. Le récit factuel, chronologique n'intéressait pas, il fallait du tragique. Je n'étais pas prête pour ce qui m'est tombé dessus dès mon arrivée à Islamabad, puis à Sallanches, j'étais incapable d'imaginer la spirale destructrice dans laquelle j'allais tomber les mois suivants.

Le temps passe. Je suis explosée de fatigue. Je somnole dans les bras d'Adam, puis dans ceux de Denis. Adam a mal au dos ; Denis me materne, m'allonge sur ses jambes, me prodigue un maximum de chaleur.

**6 heures**

L'aube arrive, il est bientôt 6 heures du matin ; l'abri est chahuté par le vent, les rafales sont incessantes. Adam et Denis décident de descendre, ils plient l'abri. Mes mains me font terriblement mal. Dès que les bouts de mes doigts touchent quelque chose, la douleur monte illico au cerveau et je dois serrer les dents. Mais Denis me rassure : « Tes mains iront bien, ne t'inquiète pas, ne les utilise plus pour les protéger et ne pas créer trop d'hématomes en choquant les cristaux de glace dans tes chairs. » Je le sais aussi : si j'ai mal, c'est que ça circule et que c'est en vie ! Mes doigts ont miraculeusement survécu.

Denis et Adam organisent la suite pour isoler mes mains des saisies de cordes. Adam reste à côté de moi, Denis me donne du mou et me fait descendre. La descente en rappel ne me demande aucun effort de volonté, ni physique ni psychique. Je m'abandonne dans leurs bras. J'agis comme une marionnette, j'ai juste à placer mes crampons du mieux possible pour rester équilibrée, j'appuie mes coudes contre la paroi pour me stabiliser. Je fais ce que je peux pour les aider sans utiliser mes mains ni heurter la paroi. J'ai l'impression d'avoir été transportée sur le glacier comme par un coup de baguette magique.

L'arête du début est assez aérienne et en glace vive sur certains passages. La pente plonge vertigineusement sur la droite en direction du mur Kinshofer et se perd dans les profondeurs encore sombres du petit jour. De l'autre côté, des falaises masquent la vue sur le glacier qui se trouve quelque 1 000 mètres en dessous. Je redouble d'attention. Le passage est dangereux. Je pense qu'Adam a peur que je me déséquilibre. Au bout de quelques pas à mes côtés, il est rassuré, je marche bien et d'un pas sûr. Il sourit : « *Great* Éli ! » Il est aux petits soins avec moi. Tout comme Denis. Adam me prévient qu'après l'arête, on plonge dans la pente à droite en suivant les cordes fixes. Je les vois, je les suis, ces fameuses cordes fixes, depuis plus de douze heures. Que Dieu remercie les Coréens qui les ont laissées, elles m'ont sauvée d'un très mauvais pas.

En haut, Denis a posé un relais pour nous contre-assurer. Je fais encore plus attention aux rafales de vent. Je suis un petit gabarit, léger, et ne pèse pas bien lourd face à ce souffle renversant.

Je serre les dents chaque fois que mes doigts viennent buter la paroi pour me rééquilibrer. Mais ce n'est ni le lieu ni le moment de lâcher ma souffrance, je ne dis rien. Je dois contrôler. C'est déjà tellement incroyable d'être soulagée ainsi, aidée par Adam et Denis. Les cordes s'emmêlent, s'entrecroisent, se chevauchent, s'effilochent, mais elles tracent la voie, comme si l'archange Gabriel les avait installées pour moi, pour nous et qu'il avait soufflé en permanence dessus depuis cet automne pour ne pas que la neige les enfouisse ni que la glace les piège.

Nous descendons le mur Kinshofer. C'est très raide, mais tout est équipé : c'est plein d'échelles métalliques partiellement défoncées, de bouts de vieilles cordes fixes qui s'emmêlent avec des plus récentes, mais pétées. C'est un foutoir de Nylon et de métal ici, mais depuis hier je glisse le long de cet enchevêtrement avec beaucoup de gratitude.

Je suis à côté d'Adam, il est en rappel et Denis me mouline sur la corde. Je parle avec Adam.

Nous arrivons au bas du mur. Il y a une grande pente. Je vois que la voie est équipée complètement. Un vrai miracle qui leur a permis de monter rapidement, même si Adam ne faisait aucune confiance à ces cordes. Mais aujourd'hui, tous nos codes de sécurité sont bafoués.

Adam commence à être épuisé. Du coup, c'est lui qui me mouline et Denis qui reste à côté de moi. Moi, je ne pense qu'à rejoindre la partie ensoleillée en dessous, je suis gelée, frigorifiée.

Nous faisons encore quelques rappels pour franchir les sections en glace vive. Arrivée sur la neige, je peux descendre de face. Denis se met d'abord devant moi pour me parer. Adam est derrière nous. L'appel du soleil, du camp de base me fait avancer, je cours quasiment. Denis est stupéfait ! Je m'autorise à courir vers la vie. Mes pieds avancent tout seuls, ils veulent fuir, fuir cette ombre terriblement froide, fuir le Nanga. Je cours vers le camp. Je suis heureuse de retrouver un peu de vitesse, mes pas sûrs, ma légèreté, l'impression de voler, portée par le soleil, et le rayonnement de la vie. Quoi que le Nanga daigne m'envoyer encore comme épreuve, le sentiment d'être en train d'en sortir me submerge.

Nous arrivons au bivouac installé durant la nuit sous le camp 1 par Piotr et Jaroslaw, deux autres membres de l'expédition du K2. Ils ont déjà replié la tente et sont redescendus en hélico au camp de base. Ici, il ne reste que nos sacs de matériel. Nous retrouvons le soleil avec gratitude. Nous faisons une pause, récupérons les affaires. Adam fait un selfie collectif, une image de nous trois. J'enlève les gants, je voudrais envoyer un message à Jean-Christophe, à Ludo, mais l'hélico arrive.

Les pilotes des Écureuil AS350 B3, des hélicos très puissants, ont fait des miracles depuis hier. Ils ont réussi à déposer les quatre grimpeurs plus haut que prévu initialement. Et c'est probablement ce qui a rendu le secours possible : Adam et Denis avaient moins à monter. Grâce aux cordes fixes, ils ont pu aller plus vite, c'était crucial car le mauvais temps arrivait.

### Dans l'hélicoptère

Je fixe le Nanga. Je ne peux en détacher mes yeux, mon regard est aimanté là où se trouve Tom. Je comprends que je ne suis plus physiquement présente sur la montagne, que mon corps va quitter ses flancs. Mais ma tête, mes pensées, mes émotions, tout est là-haut encore. Je souhaite, je prie pour que Tom soit fort, lutte, se batte. Qu'il soit au chaud, à l'abri dans le trou. Le bruit du rotor et des pales de l'hélico m'extirpe de mes pensées, un bruit aussi plombant, pesant, que mes regrets. Une mer noire, huileuse, s'infiltre en moi, l'encre terrifiante des ténèbres. Je suis en vie, mais Tom est encore en enfer. Je suis rongée par l'idée d'être seule ici. Et soulagée à la fois. Ces deux pensées s'entrechoquent.

Nous nous posons au camp de base où nous trouvons Piotr et Jaroslaw et chargeons le reste de nos affaires. Il y a un énorme brouhaha. Je reste dans l'hélico, la porte est ouverte. Ghani arrive et me dit : « *Tomek missed the moutain, Tomek missed the mountain !* » Je fonds en larmes, me reviennent toutes les dernières images de Tom. Je m'effondre.

Je suis sortie de cet enfer, mais Tom est dans une situation terrible. Je me sens terriblement seule sans lui, déchirée. Le désespoir s'infiltre en moi. Je ne peux rien faire. Plus rien, je ne peux plus que subir, subir…

D'ici, le Nanga Parbat me paraît soudain si hostile ! Il s'en dégage une atmosphère froide, tranchante, qui m'oppresse. Cela n'a plus rien à voir avec le merveilleux décor que nous avons traversé avec Tomek, lorsque nous étions encore pleins d'espoir, de joie, de rêves, dans un passé qui me paraît si lointain.

L'hélico repart pour la base militaire de Jaglot où le plein de carburant peut être fait. Le second hélico, avec Denis et Adam, nous rejoint. Je les remercie, les serre dans mes bras. Toute personne normale et pragmatique nous aurait abandonnés à notre sort. Personne n'était obligé de nous venir en aide. Et pourtant, Denis et Adam ont délaissé leur expédition au K2 et sont montés à notre recherche pour nous porter secours.

Adam me donne de l'iloprost – un puissant vasodilatateur et antiischémique – pour les gelures à utiliser rapidement en perfusion pour sauver mes extrémités. Ils ont tout, ces Polonais ! Et je leur dois tout.

Je remercie Denis d'être monté, d'être venu me chercher, de m'avoir sauvée de ce mauvais pas. « Tu serais descendue au camp de base dans tous les cas, sans nous, je le sais », me répond-il. Cet homme est d'une humilité qui m'émeut. Entre Adam, Denis et moi, il y a désormais et à jamais un lien unique, indéfectible.

Retrouver mes proches après cette épreuve va être un choc. Je ne réussis pas à écrire un message à Jean-Christophe sans fondre en larmes. Je sais d'où je reviens, mais pas où je vais, la suite va être dure. Je suis vidée, brisée…

L'ambassadeur français au Pakistan arrive avec le consul. Parler en français me fait un bien fou.

Enfin, j'ai Jean-Christophe au téléphone, et sa voix me submerge d'émotion.

## *Retour*

Mon retour a été un enfer. Quand je suis arrivée à Islamabad, j'étais déconnectée, à dix mille lieues d'imaginer l'ampleur que notre histoire avait prise, les jugements définitifs qui déjà me condamnaient à brûler en enfer ou m'érigeaient en héroïne, les titres racoleurs, les interprétations et inventions des uns et des autres…

Au téléphone, Ludovic et le médecin urgentiste de Chamonix, Emmanuel Cauchy, m'en parlaient pourtant, mais je ne pouvais pas imaginer ni comprendre que notre sauvetage faisait la une du journal télévisé. Même quand mon père, au téléphone depuis la Drôme, me l'a dit, je n'ai pas percuté. Je ne pigeais pas, ma tête était ailleurs.

Après, je suis restée longtemps perdue, toujours sur les flancs du Nanga, à combattre seule, seule sur la montagne, dans le noir, sans Tomek. Seule dans cet enfer, intérieurement coupée du monde qui m'entourait. Même si je tentais de faire bonne figure, mon corps et tout mon être restaient en fait accrochés à Tomek et au Nanga dans un monde inaccessible à tout autre que moi. En vain.

Je n'arrivais pas à vivre avec l'irrémédiable. L'adversité avait été trop forte sur le Nanga. La vérité me crevait le cœur. Recluse, je gardais les yeux fixes, hagards. Une douleur sourde me rongeait, m'anéantissait. Là-haut, Tomek était resté pris au piège, et moi j'avais mis des jours et des jours, même après mon retour en France, à « comprendre » l'irrémédiable. À Islamabad, et encore à mon arrivée à Sallanches, mon esprit n'arrivait toujours pas à concevoir que les secours ne pourraient plus rien, à admettre qu'aucun hélico ne monterait le chercher. Mon cerveau refusait de savoir que Tomek, lui, avait cessé de vivre !

Je ne pouvais plus rien faire. Je ne pouvais plus rien changer, mais je ne l'acceptais pas. Je n'avais pas pu le sauver, la descente avait été tragique. Je m'en voulais, je culpabilisais, j'avais mal, si mal au fond de moi. Mon cœur était à vif, saignait. Souvent, les larmes coulaient à flots sur mon visage sans même que je m'en rende compte, sans que je puisse contrôler quoi que ce soit. La voix de Tomek, ses yeux, l'image atroce de son visage gelé, de ses poings à jamais fermés, verrouillés par le froid, hantaient mes jours et mes nuits.

J'avais fait tout mon possible, pourtant, pour le sauver, pour l'arracher à ce sort terrible.

Mais il était mort et j'étais vivante. Et cette vie même était une torture lancinante. Je me noyais dans les abysses insondables du remords, de la culpabilité. J'étais déchirée. La souffrance provoquée par mes gelures aux orteils et aux mains restait anecdotique par rapport à ce que je ressentais, cœur à vif, cœur blessé, cœur martelé. Presque contente de souffrir physiquement, de subir un peu du martyre que Tomek avait enduré.

Je ne me reconnaissais plus. J'avais toujours la gorge nouée, et les larmes jaillissaient à tout moment. Je ne pouvais me défaire d'un insupportable sentiment de vide, et la culpabilité ne me quittait pas. Peut-être ne me quittera-t-elle jamais. La culpabilité sera toujours là. Je devrai apprendre à vivre avec elle.

Je prenais conscience, petit à petit, que j'aurais pu rester là-haut, à attendre avec Tomek les secours ou la fin. J'avais réchappé de cette attente fatale, qui aurait abouti irrémédiablement à la perte de Tomek et peut-être à la mienne. Les médecins me répétaient que Tomek était certainement parti peu de temps après mon départ. Qu'aurais-je fait si j'étais restée auprès de lui, anéantie par le désespoir ? J'aurais peut-être glissé vers le néant. Ou bien je me serais forcée à me battre, à redescendre, avec la vision atroce du corps déserté de Tomek ?

Je ne le saurai jamais. Il n'y avait plus de bonnes options. Depuis notre arrivée au sommet, il était trop tard. Mais j'étais minée par la culpabilité, étrillée de remords stériles et dévastateurs, d'interrogations qui revenaient en boucle.

Depuis le sauvetage miraculeux qui s'était organisé en janvier, notre histoire avait fait couler beaucoup d'encre, et tous ces mots plaqués sur ce que nous avions fait et vécu là-haut avaient engendré des souffrances nouvelles.

Une plongée dans un nouveau gouffre où les jugements, les commentaires, étaient comme autant de pierres pour nous lapider. Seuls Tomek et moi avons vécu intimement cette histoire déchirante, dramatique.

Pourtant, il y a eu aussi beaucoup de solidarité, de bienveillance qui ont accompagné et permis mon retour – des amitiés nouvelles sont nées. Mais j'ai été détruite par les pensées négatives, les jugements hâtifs, les insultes ; jusqu'à ce que je me fasse aider et qu'on me pousse à voir autre chose que la culpabilité, à sortir du passé, à ne pas questionner le futur, mais à tenter de vivre le présent. J'étais écartelée entre la tragédie dans laquelle je vivais encore et la main tendue de mes proches pour m'éviter de me fracasser de nouveau.

Je suis passée par ce qu'on appelle par facilité les « étapes du deuil ». La colère d'abord. Envers tout le monde : à commencer par moi bien sûr, mais aussi contre Ludo, contre les secours pakistanais, contre Ali, notre agent, et même contre Tomek. J'étais pleine de compassion pour lui, mais en même temps je lui en voulais tellement d'avoir enfreint les codes de sécurité que l'on avait établis ensemble : toujours rester à l'écoute de son corps, garder des réserves, ne pas se mettre en danger, ne pas prendre d'autres risques que ceux inhérents à la haute montagne, prévenir l'autre, demeurer attentif à la gestion de la descente.

Je lui en ai énormément voulu, car on n'explose pas comme cela là-haut quand on a son expérience ! Il était si costaud, mon Tom, un vrai tracteur, super résistant. Nous avions toujours étudié avec lucidité les risques durant nos expéditions pour les réduire autant que possible. Mais cette fois, Tomek avait négligé certains signes d'alerte, c'est indéniable. Et moi, je n'ai pas su voir ces signes, je n'ai pas su nous imposer le demi-tour.

Nous sommes tous les deux responsables de ce drame et de la cascade de petites erreurs qui nous ont projetés dans la catastrophe. Je suis responsable de n'avoir pas pu redescendre Tomek et Tomek est responsable de n'avoir pas été en mesure de renoncer ou de redescendre. Mais seul Tomek a payé le prix fort, et je suis seule en vie aujourd'hui.

Le 7 février 2018, lors de la conférence de presse à Chamonix, le jour même où je devais quitter l'hôpital, notre histoire est devenue publique, a galopé de par le monde, a été archicommentée, à la télévision, à la radio, sur les réseaux sociaux, dans les journaux, etc. Pour moi, cela a été l'enfer. Ce que j'avais vécu sur la montagne n'était rien par rapport à la violence du retour.

Durant l'année qui a suivi, même lorsque je croyais aller mieux et tentais de reprendre une vie sociale, professionnelle, sportive, un petit détail suffisait à me replonger pour des jours et des jours dans les abysses du 25 au 27 janvier 2018.

Je me rends compte aujourd'hui qu'avoir survécu à notre première nuit dehors, après le sommet, relève du miracle. Un instinct de survie a développé mon intuition, ma résistance pour que je ne m'écroule pas face à la dramatique situation que nous vivions.

Le souvenir de la deuxième nuit que j'ai passée seule dans la crevasse me terrorise encore. Y survivre a été un miracle encore plus grand : objectivement, j'aurais dû glisser peu à peu dans la léthargie sous l'effet du froid, m'endormir à jamais, givrée dans la crevasse. Et pourtant, j'ai combattu, avec une énergie venue de je ne sais où, pour rester accrochée au monde des vivants.

La troisième nuit, j'ai avancé dans un calme et une sérénité exacerbés par la situation désespérée dans laquelle je me trouvais, avec cette sensation de ne plus tenir qu'à un fil. Lumineuse, la lune montrait la voie, éclairait les cordes fixes. J'étais dans l'action, pas dans l'analyse. J'avançais, motivée par l'espoir d'arriver au camp de base et de pouvoir faire quelque chose pour aider les secours qui viendraient chercher Tomek. Je m'appuyais sur les automatismes acquis au fil de mes années d'apprentissage de la montagne et qui m'ont sauvée cette nuit-là. Jusqu'à ma rencontre avec Denis et Adam. Le miracle dans le miracle !

Les semaines puis les mois ont passé. J'ai recommencé à courir, à faire du vélo, à grimper, à retourner en montagne. Avec Jean-Christophe, nous sommes partis marcher durant un mois et demi l'hiver dernier au Mustang, puis dans le Khumbu. J'en ai profité pour remonter en solo sur les classiques 6 000 mètres de la vallée. Peu à peu, j'ai retrouvé le sommeil, les cauchemars se sont espacés.

Mais lorsque je pars rouler ou courir, les questions tourbillonnent toujours dans ma tête.

Quelle est ma quête ? Quel sens a-t-elle ? Et n'est-ce pas plutôt une prison volontaire ? Je me rends compte que j'ai toujours besoin de projets dans ma vie, et qu'il s'agit toujours de montagne, de hauts sommets. Mais qui dit besoin dit dépendance. Je passe mon temps à dorer les chaînes qui me tiennent prisonnière de mes besoins d'altitude et d'évasion. Je ne suis pas *addict* au travail ni à la télé ni à la bouffe ni à des substances interdites pas plus qu'à Facebook ou Instagram. Mais je le suis, je l'ai été à la haute altitude et au Nanga.

Comme Tomek, qui incarnait à mes yeux la liberté, l'anticonformisme, l'indépendance. C'était une face, oui, de sa vie en haute montagne. Mais l'autre c'était l'addiction. Et il en est de même pour moi.

Et puis il y a mon dilemme perpétuel et intime ; je reste partagée entre deux tendances : d'un côté, je rêve d'être professionnelle, de l'autre, je ne supporte pas l'exposition aux médias. Je n'aime pas faire le clown sur scène comme je l'ai fait l'automne dernier, durant les festivals de films de montagne. Même si le contact avec le public a été extraordinaire, chaleureux et m'a fait du bien, m'a apaisée.

En 2016, je m'étais mise en congé de l'Éducation nationale pour deux ans pour vivre pleinement ma vie d'alpiniste. Après douze années d'enseignement en pointillé, j'étais moins motivée, je ne supportais plus la routine de la vie scolaire, j'avais de plus en plus l'impression de porter un masque, d'être une figurante dans ma vie, mais pas l'auteure, la réalisatrice. Alors que ma motivation était inépuisable dans les grands espaces, que chaque nouvelle aventure me grandissait, succès ou non. Et puis, les relations que je vivais en montagne, avec Tomek bien sûr, ou avec d'autres de mes compagnons de cordée aussi, étaient plus fortes que toutes les relations que j'avais pu connaître dans mon métier d'enseignante. J'aimais tellement également le sourire de ces gamins du bout du monde, et les moments de vie quotidienne captés au bord de l'Indus m'importaient plus que tout.

Ce n'était pas un choix simple, c'était une nouvelle façon de vivre qui allait bouleverser mon quotidien, l'équilibre avec mon mari. C'était plonger dans l'inconnu du point de vue financier, professionnel, abandonner le confort de l'habitude. Mais je m'écoutais enfin, je donnais la priorité à ce qui illuminait ma vie. Personne ne déciderait plus pour moi.

Je n'ai jamais regretté ce choix. Cela n'a pas été facile, il a fallu faire des sacrifices. La magie, c'est qu'une fois en action, tout s'effaçait : les peurs, les questionnements, les doutes qui taraudaient mes nuits. J'étais concentrée sur l'instant présent. La plus grande des ascensions se passait en moi. Pas après pas, je gravissais mes reliefs intérieurs. J'ai ainsi passé trois hivers loin de mes proches, dans l'inconfort, le froid, mais heureuse.

Je comprends que moi aussi j'ai participé à cette surenchère permanente de l'effort pour l'exploit. Des défis toujours plus durs, un besoin de me sentir vivre dans des conditions sévères, hostiles. Un besoin de pousser mon corps aussi loin que possible. Un besoin de défier mon esprit, mon mental et ma motivation.

J'aime le confort de ma vie quotidienne dans la Drôme, j'y suis bien, et j'ai besoin de tout ce qui rend la vie facile, agréable, douce. Mais je m'ennuie vite. Et bientôt revient la crainte de « m'assoupir », de prendre trop soin de moi, de me laisser aspirer par l'artificialité de la vie sociale et professionnelle. Très vite me gagne le vertige de l'immobilité ; l'inquiétude de perdre mon temps ; la peur de ne plus ressentir les émotions intenses que j'ai éprouvées là-haut, la félicité et la sérénité auxquelles j'accède grâce à l'effort physique maximal, l'engagement, et la confrontation avec ces milieux où je suis quasiment seule au monde.

Je ne monte pas là-haut pour combattre – je déteste les conceptions guerrières de l'alpinisme, tout comme les récits dramatiques d'alpinistes en perdition. Moi, je vais là-haut pour vivre pleinement la vie, ma vie.

Mais comment trouver l'équilibre entre passion et raison ? Une passion trop forte emprisonne, une raison trop rigide prive d'élan, de liberté. Comment ne plus me faire dépasser par mes propres choix et ne plus me laisser enfermer dans ma passion ? Comment ne pas me laisser emporter par l'ego dans notre société fondée sur l'évaluation, la comparaison, la rivalité ? Comment revenir à ma quête intime ? Pourquoi, par exemple, ai-je choisi de tenter cette voie compliquée engagée en hiver sur le Nanga Parbat ? Ai-je déraillé ? Me suis-je trompée d'objectif ? Me suis-je fourvoyée, éloignée de mon chemin premier ? De mon désir initial qui consistait avant tout à découvrir le monde de là-haut, du sommet de la Terre ? L'étiquette qu'on m'accole me correspond-elle ?

Peut-être ai-je été mon pire danger, mon pire ennemi parfois. Trop enfermée dans mes projets, avançant œillères fixées sur mes objectifs et seulement eux, formatant inlassablement mon corps, le faisant plier sans trop le respecter. Avide d'assouvir mes désirs avant tout, craignant de regretter toute ma vie de ne pas accomplir mes rêves, vivant entre le passé – ce que j'ai fait – et le futur – ce que je veux faire et où –, mais négligeant l'ici et maintenant, le présent : qu'est-ce que je vis en ce moment, quels sont mes sentiments ?

Durant cette année de « remise en question » forcée, j'ai été contrainte d'apprendre à me réconcilier avec mon corps. J'ai éprouvé l'envie et le besoin de me détacher de la performance, de revenir à mes objectifs premiers dont mon ambition m'avait détournée, de retrouver l'authenticité. Un nouveau regard sur moi, sur le monde.

D'un autre côté, si je me coupe de la haute montagne, suis-je encore moi ? C'est une partie essentielle de ma vie, qui me fait exister pleinement. J'y vis un face-à-face qui n'implique que la montagne et moi. Je vais en montagne, seule et de mon propre chef, pour mon plaisir. Sans jamais oublier que nous ne sommes que de passage ici.

## *23 mai 2019*

Drôle de printemps ! Il y avait beaucoup, beaucoup de prétendants pour le sommet de l'Everest au camp de base, mais si peu de créneaux météo depuis début avril que beaucoup « trop » de « candidats » partent simultanément aujourd'hui pour le *push*.

J'ai démarré tard, vers 22 heures, alors que le départ se fait habituellement à 19 heures, pour tenter de me décaler du trafic. Mais je ne dispose pas d'une grande marge, car la météo tourne à la mi-journée. Du vent et de la neige. Partir plus tard dans la journée, c'est ma stratégie depuis le début. Elle a bien fonctionné, me permettant d'échapper au flux lors de la montée depuis le camp de base.

Mais cette nuit, ça coince : je suis ralentie une première fois vers 8 500 mètres d'altitude.

Une heure d'attente ! Pas de possibilité de doubler. Le vent se lève, des bourrasques de neige se forment, le froid est très vif. Ça pique !

Rebelote, une deuxième fois un peu plus haut, juste en dessous du sommet sud, vers 8 700 mètres. Je suis venue avec l'idée d'explorer une nouvelle inconnue, de vivre une ascension au-delà de 8 500 mètres sans l'aide d'oxygène artificiel, d'aller puiser au fond de moi pour réussir ce défi. Je trouve qu'utiliser de l'oxygène, c'est tricher au jeu de l'altitude et placer le but avant le moyen. C'est aussi éliminer une partie de ma quête intérieure. Mais à ce moment précis de l'ascension, en ce jour particulier dans ma vie d'himalayiste, il me semble que le dilemme « ox ou pas ox ? » n'a plus vraiment de sens, car sur l'Everest, comme sur les autres plus hautes montagnes du monde, on ne peut plus vraiment parler d'alpinisme ou encore de performance. Les cordes fixes annulent toute notion de grimpe, peu de décisions à prendre, aucune autonomie et, au passage, tout ce qui est introspection face à une aventure, une expédition. L'ascension de l'Everest est désormais à l'image de notre société « sécuritaire », de « consommation », aseptisée, avec un bon ratio succès/rapidité. De nos jours, l'aventure, l'exploration sont à trouver ailleurs. L'Everest s'est banalisé. Ici, on ne peut parler de grimpeurs, mais plutôt de « jumareurs » : on se hisse grâce à la poignée jumar plus qu'on ne gravit ou grimpe. Les porteurs d'altitude installent les camps, acheminent souvent toute la logistique. J'éprouve un profond respect pour la communauté des sherpas, ces forces de la nature, qui travaillent sans bruit et sans relâche sur la montagne. Aux petits soins pour les clients, ils mettent tout en place pour garantir le succès.

Et pourtant, au fil des jours depuis mon arrivée au camp de base début avril, j'ai remarqué que chacun des « prétendants au sommet » a une histoire personnelle avec l'Everest, une motivation singulière, légitime et respectable, et vit sa propre aventure, au final, même dans ces conditions aseptisées. Mon regard a évolué, changé sur ces candidats au Toit du monde, que je comprends : eux aussi recherchent une parenthèse dans leurs vies quotidiennes, une vie « allégée », en apesanteur, pour quelques semaines.

De mon côté, je n'ai qu'un leitmotiv ce printemps : « ne prendre aucun risque », « reprendre ma vie en main dans le milieu qui est le mien depuis tant d'années », « m'évader » dans le romantisme de ces montagnes que j'aime, fouler de la pointe de mes crampons l'objet de mes rêves d'enfant.

Mais mes plans initiaux sont bousculés : une ascension sans oxygène ne tolère pas une heure d'arrêt, il faut que la montée reste fluide. Sinon, le froid saisit immédiatement et il devient dangereux de stationner longtemps à ces altitudes extrêmes. Je suis très bien acclimatée : je suis même montée il y a quelques jours à 8 400 mètres, sur les pentes du Lhotse. Mais malgré cette préparation, aujourd'hui, il n'y a qu'une alternative face aux « bouchons », aux ralentissements : soit je renonce et je redescends, mais cette option est compliquée car il y aura aussi beaucoup de monde dans ce sens-là ; soit je joue la sécurité et je prends de l'oxygène en renfort. Est-ce que je veux rester fidèle à l'ambition qui m'anime depuis que je suis alpiniste ? à ma philosophie en montagne ? à mon image ? Ou bien est-ce que je donne la priorité à mes sensations, à mon rêve d'enfant, au but que je poursuis aujourd'hui, un an après mon retour du Nanga ? Ces glaces luisantes au soleil ou sévères à l'ombre dans le froid, ce sont les sentinelles que je cherche depuis toujours.

Je tranche et choisis de recourir à l'oxygène afin de pouvoir rejoindre le sommet.

Au fond, je ne suis ici ce printemps que pour accomplir ce rêve, pour quitter ma vie d'athlète, ma quête du toujours plus haut, toujours plus loin et clore ce chapitre important de ma vie. Cette année, j'ai laissé tomber toute velléité de performance. J'oublie l'image qui me colle à la peau, j'oublie ce que les autres font, ceux qui m'ont inspirée, ceux que j'admire. Je veux juste reprendre contact avec moi-même, réparer, reconnecter un pan de ma vie. Fouler le Toit du monde enfin, poser les pieds sur tous ces passages que j'ai imaginés, visualisés, semer de l'émotion sur cette montagne mythique. Quelle joie d'y être de passage aujourd'hui ! Me retrouver sur l'Everest, après tout ce que j'ai vécu sur le Nanga et depuis mon retour, signifie bien plus que grimper sur le Toit du monde ; c'est un Everest intérieur, l'ascension poétique, énigmatique, voire dramatique de ma vie.

Chaque pas est lourd en cette deuxième partie d'ascension. Je vais puiser au fond de moi, de mes tripes, l'énergie pour avancer. En altitude, je découvre toujours en moi une source inépuisable, une force indéfinissable.

Je sens au fil des pas renaître en moi la personne que je suis vraiment, la personne avec laquelle je n'avais plus de contact ces derniers mois. Je me retrouve enfin, dans cette intensité de l'effort, de la concentration. La magie de l'altitude opère. Je me laisse absorber par l'ambiance de la montagne, par les éléments, le froid, le gel, le vide, les pentes, la nuit, l'effort, la lune, les étoiles. Je m'y fonds.

Je suis comblée, béate.

Le profil de la voie est magnifique. Je distingue au loin le sommet au-dessus d'une immense meringue de neige. Quelle énergie s'en dégage ! Un parcours aérien, effilé, d'un côté le glacier du Rongbuk, de l'autre le Khumbu. Waouh ! J'ai rarement parcouru une arête si esthétique. Je ne sais pas si ce sont mes yeux qui ont ce regard amoureux, ou bien si c'est cette beauté, après tant d'années passées à en rêver, qui me touche au plus profond de moi, mais je suis aux anges.

Sur le dernier tronçon, peu de monde, le vent se renforce. Ressaut Hillary. Je pense aux premiers ascensionnistes, aux pionniers Tenzing et Hillary. Total respect. J'avance d'émerveillement en émerveillement, mais aussi de page en page à travers les livres de mon enfance. Quelle béatitude ! Tout se reconnecte, tout reprend sens, c'est magique. Chomolungma, « déesse mère du monde » en tibétain, est l'une des merveilles de notre Terre ! Au sommet, enfin, la vue est exceptionnelle. C'est tout un pan de ma vie qui vibre ici. Aujourd'hui, je ne contemple plus seulement un poster dans ma chambre, j'y suis : 8 848 mètres d'aboutissement ! L'Everest reste une ascension sérieuse, avec ou sans oxygène.

Je descends le cœur en feu, embrasée d'une énergie renouvelée !

Retour au camp 4 dans la tempête. Je pense au Lhotse, j'ai envie d'y retourner. Je le connais pour y avoir posé les pieds en mai 2017, seule. J'y ai vécu alors l'un des moments les plus intenses de ma vie, savourant chaque mètre dans un exceptionnel moment de grâce et de solitude. Pour résister au vent, j'avais dû rejoindre le sommet accroupie ! Je n'avais pu y rester que dix secondes, mais dix secondes d'extrême intensité. J'éprouvais un sentiment de liberté et de légèreté. Comme si la montagne absorbait tout mon être, comme si je ne faisais qu'un avec elle. Je n'avais plus ni volonté ni pensée : un cadeau que la nature, seule, peut offrir. Le vent hurlait et j'étais aux anges ! Dans la descente vers le camp de base, plusieurs sherpas qui connaissaient même mon prénom m'ont félicité et m'ont souhaité bonne chance pour l'Everest. Comment savaient-ils ? Peut-être tout simplement parce qu'une fille seule sur ces géants, sans oxygène ni sherpas, c'était plutôt inhabituel, pour ne pas dire très rare. J'étais rentrée en juin en France, très amaigrie, mais comblée, conquise par le pays de l'oxygène rare. J'avais flirté avec mes limites, j'avais savouré ce luxe d'échapper à la routine, aux habitudes, de sortir de ma zone de confort pour vivre dans un rythme différent, hors du temps. J'avais le sentiment de m'être un peu plus rapprochée du ciel.

Ce printemps, je n'ai encore foulé les flancs du Lhotse que pour m'y acclimater. Mais l'envie d'enchaîner, de grimper au sommet me tenaille. Pourrai-je repartir dans quelques heures ? Mon corps aura-t-il suffisamment récupéré pour remonter ? Le mauvais temps va-t-il se calmer ? En attendant, je m'hydrate, me repose, me projette.

22 heures. Pas possible.

Minuit. Toujours pas.

*24 mai 2019*

3 heures. Je peux enfin pointer mon nez dehors. Je prépare de l'eau, grignote un peu et m'élance du col sud pour le sommet du Lhotse. Le créneau est court, je le sais, du vent est prévu en milieu de matinée. Je n'ai que quelques heures. Les jambes répondent et j'ai faim ! Tout va bien. La nuit est magique et je suis seule pour la savourer. Un moment bien différent d'hier. Je me retourne : peu de frontales sur l'Everest aujourd'hui, personne sur le Lhotse. Le couloir est sec cette année. Le casque n'est pas un luxe.

Le lever du jour sur le Népal et la vallée du Silence est grandiose. Cette vue est mon carburant du jour. Quelle chance ! Je me régale dans mon royaume loin du monde, dans mon élément, dans la solitude. En mode « robot sensible » !

La montagne m'accueille avec bienveillance pour le moment, pas de vent. Je connais bien ces passages, je vois le mixte sommital.

9 h 20. Je suis de nouveau au sommet du Lhotse ! Je suis seule et même le vent me laisse en paix. Je savoure l'océan de montagnes autour de moi. Le Tibet, le Népal, l'Everest, le Makalu, le Lhotse Shar, le camp de base au loin. Un cadeau. Quel bonheur accumulé en deux jours !

Je me sens enfin de nouveau moi-même. Ces dernières années, je m'étais laissée emporter par une image, par la course à l'exploit aussi peut-être. Le chemin a été long depuis le Nanga, et parsemé de nombreuses souffrances intimes. Mais aujourd'hui, je suis revenue à ma quête première, intérieure. Je me suis retrouvée. L'esprit dans les vents, embrumé, mais je suis heureuse.

Everest-Lhotse, ma convalescence, ma guérison. Une ascension sensorielle entre deux mondes. Une quête existentielle. Un pas de plus vers moi. Sur ces sommets, avec les vents et les drapeaux à prières tibétains, se sont évanouis l'oppression, le désespoir, l'amertume qui me minaient. La vie c'est aujourd'hui, devant.

# Annexes

# Biographie

*Naissance le 29 avril 1979 à Crest (Drôme)*

1999 : Débuts en escalade et alpinisme simultanément avec les études STAPS (sciences et techniques des activités physiques et sportives).

2005 : Équipe nationale des jeunes alpinistes de la Fédération française des clubs alpins et de montagne (FFCAM). Premières expéditions lointaines.

2005-2015 : Alternance entre enseignement d'EPS en collège et lycée, et voyages/himalayisme (sur les plus hautes montagnes du monde en mode *light*, sans oxygène et sans sherpa, parfois en solitaire, parfois en hivernale). Passion pour les conditions hivernales en très haute altitude.

*Expérience*

2000-2010 : Grandes courses dans les Alpes (face nord des Drus, face nord des Grandes Jorasses, des Droites, de la Verte, des Courtes, de l'Eiger, du Cervin, de l'Ailefroide, du Pelvoux, de la Meije, etc.).

2006 : Première expédition en Bolivie, dans le massif de l'Illampu avec l'équipe de jeunes alpinistes. Plusieurs ouvertures mixtes sur le Pico Schultz, l'Agura Yacuma et l'Illampu.

2007 : Ouverture et traversée du Pharilapcha, au Népal.

2008 : Premiers 8 000 sur le glacier du Baltoro, (voies normales en mode *light*). Enchaînement des Gasherbrum 1 et 2.

2009 : Annapurna est, nouvelle voie en style alpin, face sud/est, puis traversée de l'est au nord.

2009-2013 : Compétitions de raid aventure avec la Team Lafuma.

2013 : Nanga Parbat en hiver en style alpin, par l'éperon Mummery, jusqu'à 6 500 mètres.

2014 : Alpi/Bike trip au Tadjikistan sur la route du Pamir et ascension au Kirghizistan de sommets vierges sur les contreforts du glacier d'Inylchek.

2015 : De retour sur la Nanga Parbat, toujours en style alpin, mais cette fois par une voie remontant le glacier du Diama. Altitude atteinte : 7 800 mètres.

2016 : Nanga Parbat de nouveau jusqu'à 7 500 mètres.

2017 : Lhotse (voie normale).

2017-2018 : Nanga Parbat avec Tomek Mackiewicz, nouvelle voie en style alpin versant ouest/nord/ouest.

2019 : Everest-Lhotse.

## VOIE EISENDLE / MESSNER

En face nord-est, sur le glacier du Diama, tentative d'ouverture en juillet 2000 par Reinhold et Hubert Messner, Wolfgang Thomaseth (IT) et Hans Peter Eisendle (DE).

## VOIE REVOL / MACKIEWICZ

Cet itinéraire sera repris trois hivers de suite par Élisabeth Revol et Tomasz Mackiewicz, jusqu'à 7 800 m en 2015, puis jusqu'au sommet le 25 janvier 2018 en rejoignant la sortie de la voie normale par une traversée plus directe.

## VOIE NORMALE KINSHOFER

Après une tentative l'année précédente, Siegfried Löw, Toni Kinshofer et Andreas Mannhardt ouvrent la première voie de ce versant en 1962.
C'est la deuxième ascension réussie après celle d'Hermann Buhl en 1953.

Voie Eisendle / Messner
Juillet 2000

Voie Revol / Mackiewicz
Janvier 2018
Jusqu'au sommet : 8 125 m

Voie normale Kinshofer
1962
Jusqu'au sommet : 8 125 m

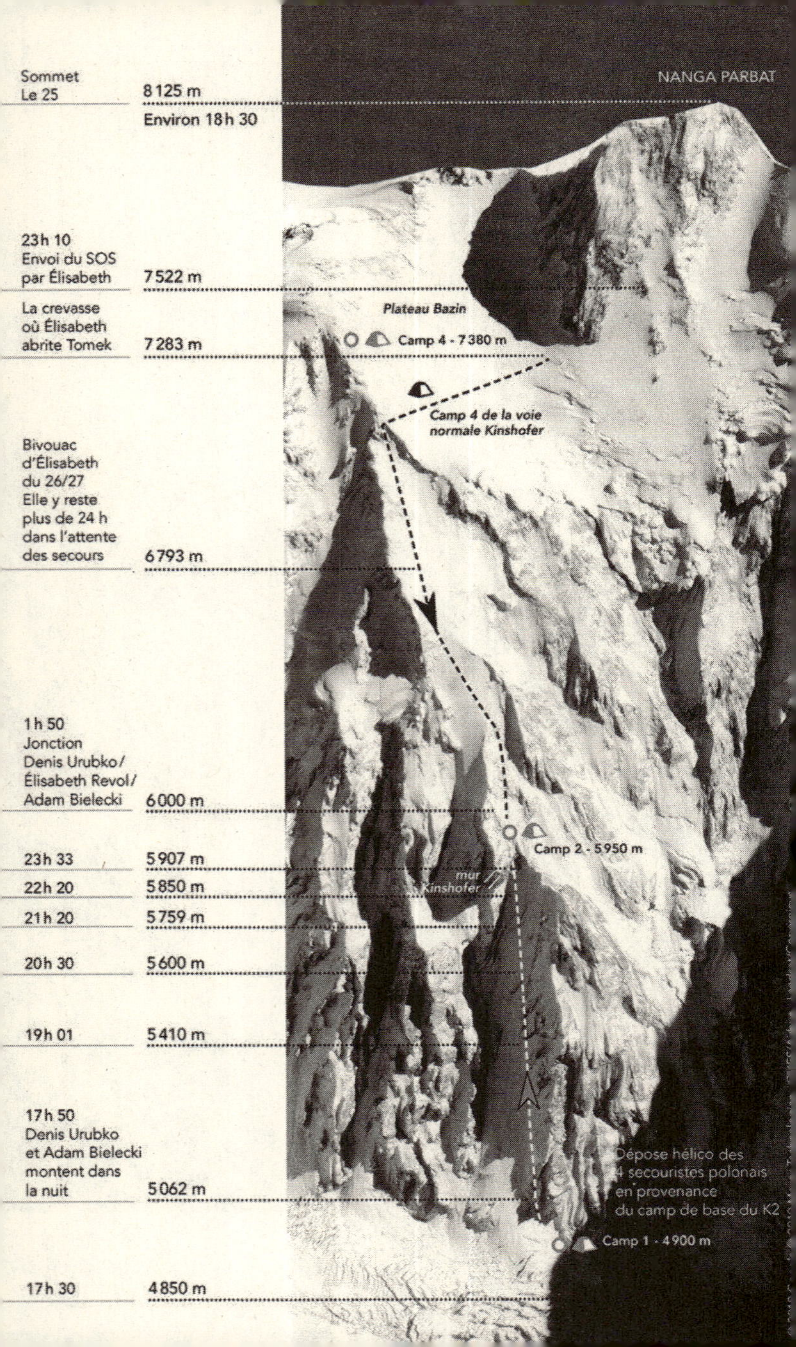

NANGA PARBAT
Sommet
Le 25
8 125 m
Environ 18 h 30
23 h 10
Envoi du SOS
par Élisabeth
7 522 m
Plateau Bazin
La crevasse
où Élisabeth
abrite Tomek
7 283 m
Camp 4 - 7 380 m
Camp 4 de la voie
normale Kinshofer
Bivouac
d'Élisabeth
du 26/27
Elle y reste
plus de 24 h
dans l'attente
des secours
6 793 m
1 h 50
Jonction
Denis Urubko/
Élisabeth Revol/
Adam Bielecki
6 000 m
Camp 2 - 5 950 m
23 h 33
5 907 m
mur
Kinshofer
22 h 20
5 850 m
21 h 20
5 759 m
20 h 30
5 600 m
19 h 01
5 410 m
17 h 50
Denis Urubko
et Adam Bielecki
montent dans
la nuit
5 062 m
Dépose hélico des
4 secouristes polonais
en provenance
du camp de base du K2
Camp 1 - 4 900 m
17 h 30
4 850 m

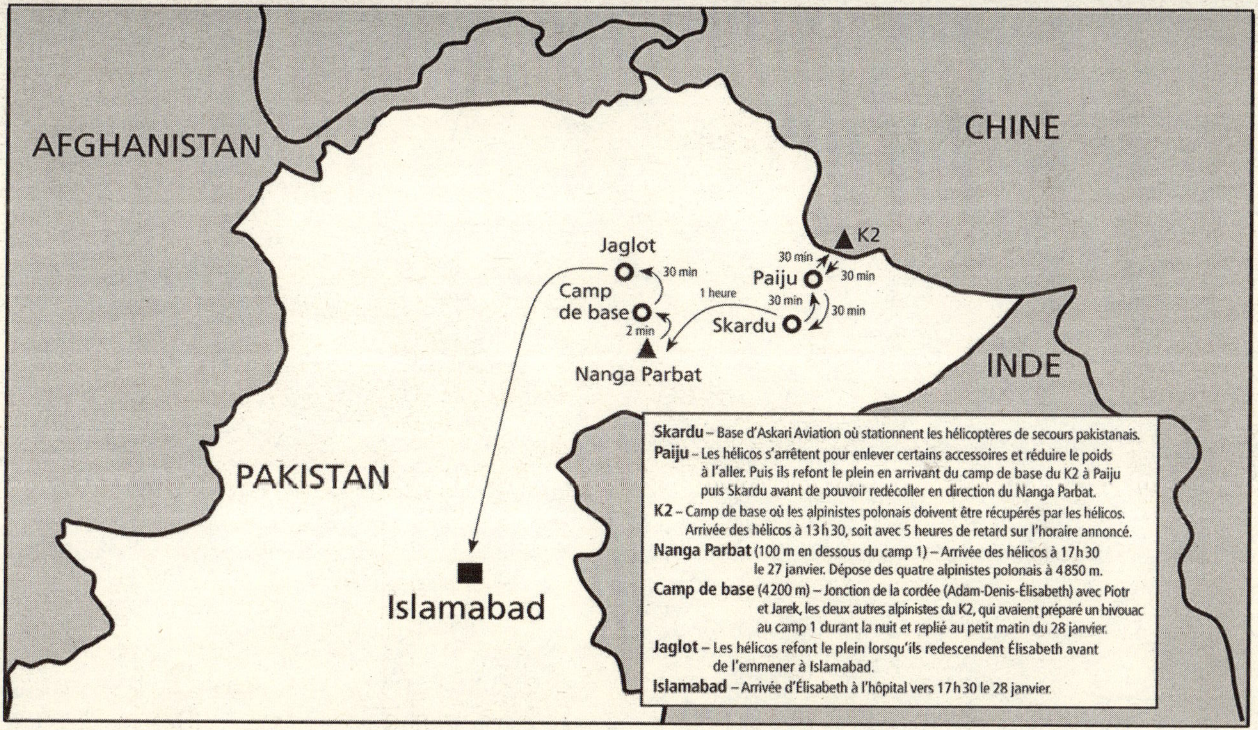
AFGHANISTAN
CHINE
PAKISTAN
INDE
K2
Paiju
Skardu
Jaglot
Camp
de base
Nanga Parbat
Islamabad
30 min
30 min
30 min
30 min
30 min
30 min
1 heure
2 min
Skardu – Base d'Askari Aviation où stationnent les hélicoptères de secours pakistanais.
Paiju – Les hélicos s'arrêtent pour enlever certains accessoires et réduire le poids à l'aller. Puis ils refont le plein en arrivant du camp de base du K2 à Paiju puis Skardu avant de pouvoir redécoller en direction du Nanga Parbat.
K2 – Camp de base où les alpinistes polonais doivent être récupérés par les hélicos. Arrivée des hélicos à 13 h 30, soit avec 5 heures de retard sur l'horaire annoncé.
Nanga Parbat (100 m en dessous du camp 1) – Arrivée des hélicos à 17 h 30 le 27 janvier. Dépose des quatre alpinistes polonais à 4 850 m.
Camp de base (4 200 m) – Jonction de la cordée (Adam-Denis-Élisabeth) avec Piotr et Jarek, les deux autres alpinistes du K2, qui avaient préparé un bivouac au camp 1 durant la nuit et replié au petit matin du 28 janvier.
Jaglot – Les hélicos refont le plein lorsqu'ils redescendent Élisabeth avant de l'emmener à Islamabad.
Islamabad – Arrivée d'Élisabeth à l'hôpital vers 17 h 30 le 28 janvier.

## *Lettre à Tomek*

Peu à peu, ma mémoire s'anime, se comble et mes émotions se traduisent en mots. Les pages se remplissent et j'avance dans le brouillard qui s'éclaircit peu à peu. Ma tête reste accrochée à Tomek, au Nanga et à ces émotions vécues là-haut avec lui, puis sans lui. Quand je suis seule, des milliers de mots, de nuances, me viennent à l'esprit en même temps. Peut-être le pouvoir des mots pour soulager les maux. Je ne fais que d'y penser, penser à sa vie, sa philosophie, son art de vivre, son amour du Nanga…

Jusque-là, il m'était impossible d'écrire cette lettre.

Tomek était l'un des hommes les plus libres et les plus indépendants que je connaisse. Il était hors normes. L'himalayisme qu'il pratiquait sur le Nanga en hiver était son art de vivre…

Il y a dix ans, il cherchait des perspectives, voulait vivre ses aventures, celles qui lui permettraient de réaliser ses rêves, celles qui le feraient vivre.

Il décidait d'affronter l'inconnu avec Marek ; guidé par une certitude : c'est en grimpant, en explorant, en allant de l'avant qu'on vit !

Tomek avait décidé librement d'être libre, de faire de la pureté de la montagne sa noble passion. Il s'est confronté aux vertiges du climat, de la nature.

Aujourd'hui, je t'écris une lettre d'adieu, mais je préfère ne pas la terminer en te disant au revoir, car c'est quelque chose qui m'est encore impossible.

J'ai vécu des moments uniques avec toi, j'ai ressenti des choses extraordinaires et nous avons fait ensemble des choses belles et authentiques.

Tu continueras d'être en moi de bien des manières car lorsque l'on découvre quelqu'un comme toi et qu'on le laisse entrer dans sa vie d'alpiniste, il est impossible d'effacer les traces qu'il va y laisser.

Ton sourire restera à jamais gravé dans mon cœur et l'étincelle dans tes yeux illuminera mes jours.

Chaque fois que tu parlais, j'ai vu briller la magie dans les yeux de ceux qui t'écoutaient.

Tu étais un grand homme, un monument, un mythe, un génie du Nanga en hiver, un passeur d'énergie et d'envie. De rêves et de vie.

Tomek fait partie de ceux qui m'ont donné l'envie de passer du temps sur cette montagne, de m'imprégner de son silence, d'oser ce pas vers l'inconnu, ce pas vers la découverte de soi, ce pas vers la découverte de ses possibilités. C'est avec toi là-haut que j'ai compris ce que tu avais pu ressentir, ce qui t'avait poussé à aller toujours plus loin et à passer autant de temps là-haut. Cette impression d'immensité qui ne nous écrase pas, mais nous donne, au contraire, envie de voler vers le haut, les sommets, les cieux, l'espace, le vertige. Le pouvoir de l'Univers, comme tu disais...

J'ignore le moment où tu as franchi la ligne extrême. Si j'avais pu percevoir ce signe ! Je ne sais pas à quel moment j'ai commencé à te perdre, à quel moment tu as franchi le point de non-retour, si toi-même, tu l'as senti ?

Quatre-vingt-dix mètres au-dessous du sommet, tu étais encore très bien. Ensuite, on a peu parlé, mais pas moins ou pas plus qu'avant. On grimpait ainsi, concentrés. Je ne sais pas encore comment tout cela s'est passé pour qu'aujourd'hui on se dise adieu. La seule chose que je ressens c'est ton absence, et toute une vague de sentiments.

Nous avons grimpé ensemble cette difficile hivernale, parce que nous avons bâti notre histoire sur nos émotions véritables, cette expérience vive de la vie, élémentaire…

Tu étais un homme au grand cœur et tu t'es battu jusqu'au bout pour redescendre le plus bas possible, pour me sauver la vie. Je te dois ma vie, à toi en premier, Tomek, car si tu n'avais pas eu la force et le courage de te battre pour redescendre à 7 280 mètres pendant cette nuit glaciale, inhumaine, en mode survie, du 25 au 26 janvier, je ne serais plus là, mais je serais avec toi…

On savait tous les deux qu'on n'avait pas droit à l'erreur, on l'acceptait. Si l'un franchissait sa limite, l'autre basculait…

Rencontrer une personne comme toi reste rare, exceptionnel. Tu étais le Monsieur du Nanga et tu étais une nouvelle fois sur cette montagne pour ne pas regretter, pour terminer ton projet, et simplement pour vivre.

Tomek, tu avais une passion infinie pour cette montagne, le regard rempli d'énergie pour le

Nanga. Tu avais l'énergie et la force de vivre ton rêve et d'aller au bout de celui-ci.

Le Nanga était ton inspiration, ton écriture et le livre de ta vie.

Sur le Nanga est née notre cordée : une cordée heureuse, un lien unique, un même état d'esprit.

Tomek, tu es passé dans ma vie comme un courant d'air qui m'aura insufflé l'énergie de *ta* montagne.

Tu m'as donné cette grande et belle énergie que j'emporte aujourd'hui avec moi.

Tomek, au-delà du Nanga, tu resteras pour moi une exceptionnelle et inoubliable rencontre. Une rencontre au goût de rêves et d'aventures, une rencontre en toute simplicité, une rencontre qui garde à jamais le goût à la fois amer et doux de la liberté.

Merci, Tomek, d'avoir été ce que tu as été.

Élisabeth REVOL, mai 2018

# *Hommage à Tomek Mackiewicz*

Le commandant en chef de l'aviation de l'armée de terre pakistanaise, le général Khalil Dar, a conclu son rapport de mission sur l'opération de secours menée au Nanga Parbat par ces mots :

« Quelle fin héroïque d'un des grands alpinistes du style alpin, Tomasz Mackiewicz [...]. Avant de quitter notre monde, il aura pu être fier de laisser en héritage à ses trois enfants le fait qu'il a été le premier, avec Revol, à gravir une voie nouvelle en hiver et en style alpin sur le Nanga Parbat.[1] »

1. Extrait de *Les dossiers du GHM* (Groupe de haute montagne), « Les Mille et Une Nuits sur le Narga Parbat, ultime sauvetage, 27 avril 2018

L'alpiniste polonais Wojciech Kurtyka, pionnier du style alpin en Himalaya, auteur de nombreuses premières ascensions de grands massifs, a beaucoup inspiré Tomek Mackiewicz.

Dans le livre *Nanga Dream* consacré à Tomasz Mackiewicz par Mariusz Sepioło (Éditions Znak, 2018), il parle ainsi de Tomek :

« Il m'était proche, car il s'est lancé un défi qui allait de façon extraordinaire au-delà de l'himalayisme "commun". Tomek était la négation totale de l'himalayisme au rabais. Aujourd'hui, le défi n'est pas recherché, il est remplacé par l'objectif commercial qui attire l'attention des médias et fait du grimpeur une star, une célébrité. [...] Dans une interview, Simone Moro a expliqué avec une honnêteté incroyable qu'il s'est lancé dans l'himalayisme car c'était l'unique chance de ne plus être le deuxième après Messner. Tomek était hors cette logique.

[...] Tomek avait une forte compulsion, qui l'a poussé sept fois sur la même montagne. [...] Il savait que le monde fou de tous les "premiers", "les meilleurs", "les plus forts" ne récompenserait pas si généreusement une deuxième place. Et pourtant, il est revenu.

[...] Mackiewicz a fait plusieurs tentatives fascinantes et solitaires pour prendre le Nanga en hiver. Il a atteint des altitudes assez élevées, mais n'a pu atteindre le sommet à cause des conditions météorologiques difficiles. [...] Au cours de l'une de ces tentatives, il est resté à environ 7 000 mètres pendant une semaine. Il s'était installé dans des fosses à neige et la montagne est devenue sa maison. Il a réussi quelque chose d'incroyable, il a eu une intimité frappante avec la montagne [...] ! Je l'ai vraiment envié (dans le bon sens du terme). Il n'y a pas de plus grande satisfaction pour un grimpeur que de gagner l'amitié de la montagne.[1] »

1. Traduction : Kamila Wadecka

## *Adam Bielecki et Denis Urubko, « gladiateurs » des glaces*

En janvier 2018, les deux stars de l'himalayisme hivernal, le Polonais Adam Bielecki, 36 ans alors, et le Kazhako-Russo-Polonais Denis Urubko, 45 ans, tentaient une ascension hivernale inédite du K2, le deuxième plus haut sommet au monde, au sein d'une expédition nationale polonaise. Ils ont interrompu leur ascension pour aller porter secours à la cordée Élisabeth Revol-Tomek Mackiewicz. Avec deux autres membres de l'expédition, Jaroslaw Botor, infirmier, secouriste professionnel et alpiniste, et Piotr Tomala, entrepreneur en travaux acrobatiques, ils ont été héliportés par l'armée pakistanaise sur le Nanga Parbat, ont réalisé le sauvetage d'Élisabeth Revol puis sont retournés sur le K2.

Denis Urubko, ancien militaire du temps de l'Union soviétique, avait déjà gravi dix-neuf fois les quatorze 8 000 sans oxygène dont deux en hiver (Gasherbrum II et Makalu) et participé à plusieurs sauvetages en Himalaya.

Dans une interview donnée le 28 janvier 2018 au magazine spécialisé espagnol *Desnivel*, il déclarait :

« Ce qui est clair, c'est que nous ne pouvions pas rester les bras croisés. [...] Je pense que n'importe quel alpiniste, dans le cas où une situation similaire se produirait, ferait la même chose qu'Adam et moi. Nous avons eu beaucoup de chance : nous avons pu utiliser l'hélicoptère, nous étions acclimatés, il y avait un budget pour effectuer le sauvetage, nous avions l'équipement nécessaire... Il suffisait de faire de notre mieux. Nous devions le faire.

Le sauvetage de Tomek était impossible. Nous devions prendre une décision [...] la météo était très mauvaise pour les jours suivants. Nous n'étions pas en mesure d'affronter le sauvetage de Tomek... [...]

Bien sûr, nous ne sommes pas complètement satisfaits, car nous ne pouvions pas aider Tomek. Mais cela a été formidable de pouvoir aider Élisabeth Revol.

La voie Kinshofer était équipée de cordes fixes installées par des expéditions commerciales. Nous avons trouvé beaucoup de cordes fixes en bon état, c'est ce qui nous a permis de monter aussi rapidement, sans risque supplémentaire.

Quand nous avons rencontré Élisabeth, elle était totalement détruite, ses doigts étaient tout blancs. Elle était gelée, avait très froid, elle était très fatiguée mais c'est une femme très forte qui a accompli quelque chose d'extraordinaire. Elle est descendue seule, dans une situation vraiment extrême. Elle a réussi à descendre lentement jusqu'à notre rencontre. Nous avons passé quelques heures de repos dans la petite tente de bivouac pour deux personnes (nous étions trois). Nous lui avons donné de l'eau, des médicaments et elle a pu dormir un peu, s'appuyant parfois sur moi, parfois sur Adam. Nous étions heureux de pouvoir aider cette grande dame et alpiniste. Adam et moi n'avons pas dormi du tout. L'important était qu'Élisabeth dorme quelques heures.

C'est une femme très forte. Une femme qui peut faire de belles choses dans le futur parce qu'elle est une authentique alpiniste.[1] »

1. Traduction : Élisabeth Revol

## *Le crowdfunding*

Au total, le crowdfunding a permis de collecter 157 000 euros dont 80 % ont été envoyés par la diaspora polonaise. L'avance du gouvernement français de 31 000 euros pour les secours a pu être remboursée, en partie par l'assurance FFME monde d'Élisabeth Revol (20 000 euros) et le reste par le crowdfunding. Le gouvernement polonais a payé la part du secours de Tomek. Chacun des trois enfants de Tomek a reçu grâce à la collecte en ligne 44 000 euros. Le reste de la somme a été ventilé comme indiqué sur le diagramme ci-après.

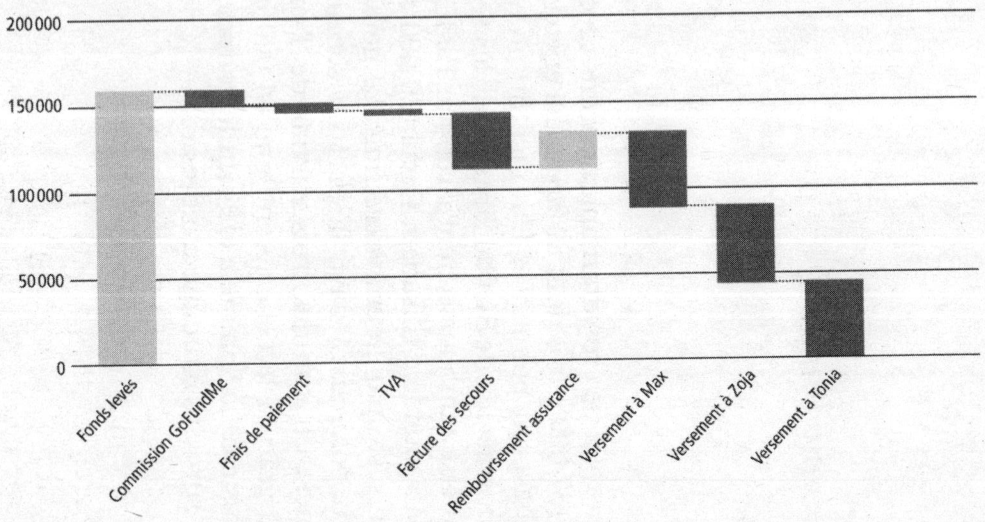
200000
150000
100000
50000
0
Fonds levés
Commission GoFundMe
Frais de paiement
TVA
Facture des secours
Remboursement assurance
Versement à Max
Versement à Zoja
Versement à Tonia

# Remerciements

Je souhaite remercier particulièrement :

Jean-Christophe Revol pour son éternel et absolu soutien.

Je sais ce que je dois aux quatre alpinistes polonais qui ont abandonné l'ascension du K2 pour tenter de sauver d'autres alpinistes. Une solidarité et un acte de bravoure exceptionnels.

Denis Urubko, Adam Bielecki, Piotr Tomala, Jaroslaw Botor et Krzysztof Wielicki : vous êtes ma vie.

Merci à Ludovic Giambiasi, « mon routeur » à l'origine de la team secours, mais aussi de mon lien avec la montagne. Il a su trouver les mots justes pour sauver ma vie.

Merci à mes parents, qui m'ont ouvert le regard sur les montagnes. À mon frère, mon plus fidèle compagnon d'entraînement.

Mon infinie gratitude à Tomek Mackiewicz, et tout mon respect pour sa fascination mystique du Nanga Parbat (l'appel de Fairy !), difficile à comprendre pour les non-initiés, mais qui a inspiré chaque nouvelle tentative sur ce sommet en hiver.

Merci à Anna Antonina Solska, la femme de Tomek, et toutes mes pensées vont aux trois enfants de Tomek.

Merci à Daniele Nardi, himalayiste connaissant parfaitement le Nanga Parbat en hiver et le Pakistan, qui s'est impliqué pleinement avec Ludovic Giambiasi pour mieux organiser les secours, disparu en mars dernier sur cette montagne.

Merci à Zbigniew Wyszomirski, consul de Pologne au Pakistan.

Merci à Michel Nehmé, consul de France au Pakistan.

Merci à toute la team secours, qui a fait un travail de titans pendant plus de soixante-douze heures, et particulièrement à Agostino Da Polenza, Stefania Mondini et Maurizio Gallo.

Merci au médecin Robert Szymczak, à Janusz Mayer et à toute l'équipe polonaise du K2, à la communauté alpine en Pologne et à la diaspora polonaise.

Merci à Riaz Ul Hassan en lien avec Askari Aviation, au brigadier Arkram Khan, au général Khan à la tête des secours pakistanais.

Merci à Emmanuel Cauchy, médecin qui a géré en direct depuis Chamonix la télémédecine avec Robert Szymczak.

Merci à Yan Giezendanner, météorologue basé à Chamonix, qui a fourni avec finesse les bulletins météo pendant toute l'opération secours.

Merci au gouvernement polonais qui n'a pas hésité à apporter sa contribution financière à l'opération de secours.

Merci à l'ambassade de France au Pakistan qui n'a pas ménagé ses efforts pour dénouer des situations difficiles.

Merci à l'ambassade du Pakistan en France pour les nombreuses lettres de soutien depuis mon retour et le lien important qui nous unit aujourd'hui.

Merci aux pilotes des hélicoptères qui ont géré au mieux les conditions météo compliquées en hiver sur le Nanga Parbat.

Au Pakistan où j'ai rencontré des hommes de valeurs, de convictions… merci. Merci aux porteurs qui ont acheminé notre matériel jusqu'au camp de base, à Ghani, l'ami de Tomek dans la vallée du Diamir.

Merci à tous ceux qui m'ont soutenue par leurs messages, sous toutes les formes, vous ne pouvez peut-être pas comprendre combien cela a été réparateur et indispensable pour moi.

Merci à l'équipe de SOS Gelures (hôpitaux du pays du Mont-Blanc à Sallanches et hôpitaux universitaires de Genève) et au docteur Frédéric Champly, ainsi qu'aux équipes médicales qui ont su trouver les mots et ont redoublé de gentillesse pour me faire oublier mes soucis, en France tout comme au Pakistan.

La générosité collective qui s'est manifestée à travers le crowdfunding m'a réchauffé le cœur ; j'ai une pensée pour tous ces inconnus qui ont ainsi exprimé leur soutien et leur sympathie.

Merci à Masha Gordon, ingénieuse, pragmatique et réactive, qui est à l'origine de cette collecte.

Merci à toutes celles et tous ceux qui m'ont apporté leur soutien durant l'opération de secours et à mon retour, que je ne peux tous citer mais que je n'oublie pas.

Merci à Catherine Destivelle pour le soutien moral, les nombreuses prises de parole et l'aide.

Merci à Laetitia Briand et à Anne Gery, qui ont su gérer l'afflux des médias à mon retour et nous ont aidés à faire face aux journalistes.

Merci à Éliane Patriarca et à Valérie Dumeige, sans qui ce livre ne serait pas.

13121

*Composition*
NORD COMPO

*Achevé d'imprimer en Espagne*
*par* BLACKPRINT
*le 13 décembre 2020*

Dépôt légal : janvier 2021
EAN 9782290230404
OTP L21EPLN002808N001

ÉDITIONS J'AI LU
87, quai Panhard-et-Levassor, 75013 Paris

*Diffusion France et étranger : Flammarion*